Die schönsten
Gebete der
Weltreligionen

Gebete des Hinduismus

Dr. Dr. Martin Kämpchen lebt seit vier Jahrzehnten in Indien und ist der deutsche Übersetzer des indischen Nationaldichters und Literaturnobelpreisträgers Rabindranath Tagore (1861–1941). Er hat die Texte dieses Bandes vor Ort gesammelt, übersetzt und zusammengestellt. Martin Kämpchen setzt sich in zwei Stammesdörfern in Indien für eine alternative Entwicklungshilfe ein. Zahlreiche Veröffentlichungen zum interreligiösen und interkulturellen Dialog.

Dein Name gewährt jeden Wunsch

Die schönsten Gebete des Hinduismus

Ins Deutsche übertragen
und herausgegeben von
Martin Kämpchen

HERDER
FREIBURG · BASEL · WIEN

MIX
Papier aus verantwortungsvollen Quellen
FSC® C106847
www.fsc.org

Originalausgabe

www.herder.de

Umschlagkonzeption und -gestaltung: Agentur R · M · E
Eschlbeck / Hanel / Grober
Umschlagmotiv: © Designbüro gestaltungssaal,
Sabine Hanel / Alexandra Grober
Satz: SatzWeise
fgb · freiburger graphische betriebe www.fgb.de

Printed in Germany
ISBN 978-3-451-06403-6

Inhaltsverzeichnis

Dein Name gewährt jeden Wunsch,
die Übel des Dunklen Zeitalters welken dahin,
wer ihn ausspricht.
Du Meer der Erbarmung,
Tulsi bittet um diese Gnade,
dass er wie ein Fischlein sein darf
im heiligen Strom deiner Liebe.
Tulsidas

Einführung

Gott ruft die Menschen an – sie antworten mit dem Versuch, über sich selbst hinauszukommen und mit der Transzendenz in eine Verbindung zu treten. Diese Antwort hat in allen Religionen eine reiche kulturelle Vielfalt hervorgebracht. Anfangs waren die Menschen ergriffen von den Naturgewalten, bestürzt über ihre Abhängigkeit von ihnen und entdeckten in ihnen das Übernatürliche, das Numinose. Durch ihr Gebet versuchten sie, diese übernatürlichen Kräfte zu verstehen, zu binden und zu ihren Gunsten zu beeinflussen. Häufig war Magie am Werk, das heißt, die Menschen wollten stärker werden als Gott und ihm durch Riten, Zauberformeln und Opfer ihren Willen aufzwingen.

Die Veden

Auch in Indien besitzt das Gebet eine Tradition, die so lang ist, wie die Geschichte der Inder selbst. Die ersten bedeutenden Dokumente sind die *Veden,* die zwischen 2000 und 1000 vor Christus entstanden sind. Der älteste, der Rig-Veda, enthält religiöse Hymnen, der Sama-Veda, Yajur-Veda und Atharva-Veda Opfersprüche und -gesänge. Die Hymnen richten sich meist an Götter, die sich in der Natur manifestieren. Die Menschen suchen

Schutz vor den Gefahren, die von der Natur ausgehen: vor übermäßigem Regen und vor Dürren, vor Gewitter und Sturm, vor Krankheiten, die das Vieh und die Menschen hinraffen. Die Bittgebete wechseln mit Dank und Jubel ab, die die vedischen Inder nach gewährter Bitte, nach einer guten Ernte und überstandenen Krisen anstimmen. Die Menschen versprechen Opfer, versprechen Treue und Hingabe und hoffen auf baldige Belohnung. Sie besteht hauptsächlich in materiellen und Lebensgütern: »Wir wollen hundert Herbste lang leben«, heißt es. »Gib uns Reichtum an Nachkommen, Reichtum an Helden und Reichtum an nahrhafter Speise.« Auch Kriegsglück war den Menschen der vedischen Zeit notwendig, denn sie waren umgeben von feindseligen Völkern. Vor den Schlachten riefen sie: »O Indra, gib uns in jeder Schlacht Körper männlicher Stärke, o gewaltiger Gott, gib uns die Macht zum Sieg!« Sie kämpften mit der Natur und den Feinden, um ihr Leben und das ihrer Familie und Sippe zu erhalten, aber auch um sich in eine göttliche Ordnung einfügen zu können, in eine kosmische Harmonie *(Rita)*, die sie inmitten von Wind und Regen, Flüssen und Bäumen, Nächten und Tagen erschauten und die ihnen »allseitiges Glück« geben sollte.

Aufgeschrieben wurden die Veden von den *Rishis*, von Weisen, die in ihren Meditationen die Hymnen und Sprüche in ihrem Innern »hörten«. Darum nennt man die Veden auch *Sruti*, die gehörten heiligen Schriften.

Die Upanishaden

Es folgen die über hundert *Upanishaden.* Nachdem die vedische Religion sich veräußerlicht hatte, indem sie die Macht der Priester (der Kaste der Brahmanen) und des Ritus betonte, kam es zu einer Umkehr, zu einer Verinnerlichung. Die Upanishaden bilden den abschließenden Teil von *Sruti.* Sie sind meist Dialoge zwischen einem Lehrer oder einer Lehrerin und Schülern, die Schritt für Schritt an die Wahrheit herangeführt werden. Die Wahrheit hier meint die mystische Erfahrung von Gott im Herzen der Menschen. Der »göttliche Funke« im Menschen soll wahrgenommen und als Existenzgrundlage, auf der wir Menschen unser Leben aufbauen, verstanden werden. Dieser göttliche Funke im Menschen heißt *Atman.* Die Upanishaden lehren weniger einen Gott, der durch die Natur und durch den Kosmos wirkt, auch weniger einen personalisierten Gott, als vielmehr eine abstrakte Gottheit oder den göttlichen Grund, genannt *Brahman*. Die Königslehre der Upanishaden lautet: Der Atman und der Brahman sind identisch: das Göttliche in der Seele der Menschen löst sich letztendlich in der göttlichen Transzendenz auf, wird (mystisch) eins mit ihr. Wesentlich ist darum für die Gottsucher, durch Innenschau (Meditation, Askese, Gebete, Schriftlesung, Reflexion, Gehorsam gegenüber einem Guru usw.) den Atman in ihnen selbst zu erkennen. Meditation und Gebet sind notwendig, weniger Ritus und Opferreligion. Die Menschen der Upanishaden sprechen:

»Der Atman soll erfahren werden – man soll von ihm hören, über ihn nachdenken und über ihn meditieren. In der Erfahrung des Atman [...] durch Hören, Nachdenken und Meditation wird alles erfahren.« Gegen Ende der upanishadischen Zeit erscheint wieder ein Gott, der als Person *(Purusha)* – als Schöpfer, Vater oder Muttergottheit – angebetet und verinnerlicht wird. So heißt es zum Beispiel: »Er, der Höchste, der mächtige Herr der Herren, die Oberste Gottheit aller Gottheiten [...]: Ihn lasst uns erkennen als den anbetungswürdigen Gott und Herrn der Welt.«

Die inspirierten Dichter

Nun folgen die zahlreichen dichterisch inspirierten Heiligen *(poet-saints)*, die ein immenses Werk von Liedern zu Ehren eines persönlichen Gottes schufen. Der Hinduismus gliedert sich auf in drei große Gruppen: den Vishnuismus, den Sivaismus und den Saktismus. Der Vishnuismus erkennt Vishnu als den höchsten Gott an und erzeugte eine weit verzweigte Mythologie um Vishnu und seine zehn Inkarnationen *(Avataras)*. Die populärsten Inkarnationen sind Krishna und Rama. Krishna ist der jünglinghafte Liebesgott, der schöne Hirtengott, der mit dem Milchmädchen Radha und ihren Gefährtinnen tanzt und singt, der sich zunächst vor Radha versteckt, sie dann wieder mit seinem Flötenspiel lockt. Sie hört seine Flöte, deren Laut sie nachgeht. Sie findet ihn dennoch nicht und ist voll von unerfüllter Sehnsucht. Es ist das ewige Spiel zwischen Gott und der Seele, die sich finden und wieder entzweien, die sich zueinander sehnen und Qualen der Trennung auf sich nehmen, um sich schließlich wieder zu vereinen. Viele Lieder, auch in dieser Sammlung, sind Gott Krishna gewidmet. Auch Rama, der göttliche Held des Epos »Ramayana«, wird in Liedern verehrt. Sein Leben findet in der entbehrungsreichen Verbannung statt, dann auf der Suche nach seiner Gattin Sita, die ein Dämon entführt hat. Mit Hilfe des Affengottes Hanuman und seines Heeres kann er Sita zurückgewinnen.

Der Sivaismus verehrt Gott Siva, der sich in recht unterschiedlichen Gestalten manifestiert: als Zerstörer der Welt, als in Meditation versunkener Gott, als Narrengott und Trunkenbold. Seine Gattin hat unterschiedliche Namen und Gestalten: Kali, Durga, Parvati, auch Sakti. Als göttliche Gattin unterstützt sie Siva, gibt ihm Kraft und Energie, sie dynamisiert ihn. Als Mutter schützt sie ihre Kinder. *Sakti* heißt Kraft, Energie. Darum heißt der Kult um die Muttergottheit Saktismus. Die Sänger unserer Sammlung verehren hauptsächlich die Göttin Kali.

Bhakti: die liebende Verehrung

Diese liebende, vom Gefühl bestimmte Verehrung Gottes heißt *Bhakti.* Die indische Philosophie lehrt die Bhakti als eines der Mittel, Gott nahe zu kommen, das heißt, ihn zu »verstehen« und sich mit ihm zu vereinen. Andere wichtige Mittel sind selbstlose Arbeit *(Karma)* sowie Kontemplation und intuitive Gotteserkenntnis *(Jnana)*. Die Gebete in diesem Buch entspringen hauptsächlich der Bhakti.

Seit früher Zeit war es ein Ziel der Hindus, »Gott zu schauen«. Damit verbindet sich entweder die Vorstellung, ihren Atman in der Meditation zu »erfahren« oder aber in Visionen den menschlichenähnlichen Gestalten der Götter zu begegnen. Dies sind die Ziele der *Bhaktas* (der Menschen, die Bhakti üben). Die Bhaktas treten in eine dialogische Beziehung mit Gott, den sie sich in menschlicher Gestalt und mit menschlichen Eigenschaften vorstellen. Diese Gestalt und diese Eigenschaften werden ins Übermenschliche gehoben und verherrlicht, werden in Liedern und Gebeten beschrieben und verehrt. Gott ist die Projektion des idealen Menschen. Andererseits aber ist der persönliche Gott im Hinduismus auch ein allzumenschlicher Gott, der Schwächen und Fehler besitzt, der grausam sein kann (wie Kali), lüstern (wie Krishna), ungerecht oder unberechenbar und unnahbar (wie Siva). Die zahlreichen Mythen, die sich um jeden Gott und jede Göttin ranken, erzählen von den heroischen wie auch von den lasterhaften Taten der Götter. Wie die Götter der Griechen und Römer sind die mythischen Hindu-Götter menschenähnlich. Darum sind die Gebete an sie nicht nur verehrend, sondern auch herausfordernd, klagend, streitsüchtig. Das unterscheidet sie von christlichen Gebeten, die sich an einen liebenden, schützenden Gott richten, ihn also von der komplexen Breite menschlicher Eigenschaft abstrahiert.

In den Gebeten der Hindus finden wir sämtliche Emotionen reflektiert, die in Menschen aufsteigen, die einen Lebenssinn suchen, die also von Zweifeln und Enttäuschungen gequält werden und die sich nach einer Erfüllung in Gott sehnen. Das macht die Gebete umso farbiger, so lebensbezogen und so situationsgebunden. Die antropomorphen Eigenschaften der Götter legen es nahe, dass Gott in verschiedenen »Rollen« angebetet wird. Hier finden wir insbesondere Gott als Vater und Herrscher (Vishnu, Siva), Gott als Mutter, Gott als Geliebte, Braut, Ehefrau oder Herrscherin, Gott als Geliebter und Jüngling (Krishna), Gott als Freund und als Kind (der junge Krishna, der junge Rama). Auch die christlichen Gebete reflektieren die unterschiedlichen Rollen Gottes, doch ist der Fächer der Möglichkeiten nicht so breit wie im Hinduismus.

Das göttliche Spiel

Bhakti kennt eine Vielfalt von Möglichkeiten, ihre verehrende Gottesliebe emotional auszudrücken. Charakteristisch ist, dass sie diesen Dialog zwischen Gott und Menschen, zwischen Gott und den Seelen seiner Geschöpfe ein »Spiel« *(Lila)* nennt. Gott spielt mit den Menschen, spielt in den Seelen der Menschen. Er bietet sich an, zieht sich zurück, er versteckt sich und gibt sich dann wieder teilweise zu erkennen. Das Urbild dieses Spiels ist das Liebesspiel von Krishna und Radha, dem der Mythos einen breiten Raum gibt. In vielen unterschiedlichen Versionen vollzieht sich dieses dialogische Spiel zwischen Gott und den Menschen – wie dieses Buch zeigt – vor allem in Liedern. Die Strophen vieler dieser Bhakti-Lieder, genannt *Bhajans,* werden von einem Vorsänger angestimmt und von der versammelten Gruppe wiederholt. Dann kommt die nächste Strophe, und so geht es stundenlang weiter. Oder die Lieder schrumpfen zu einer oder zwei Zeilen, die Vorsänger und Volk im Wechsel in immer anderen Melodiebögen und Tempi wiederholen. Das sind *Kirtans,* die im Sitzen in Tempeln oder auf öffentlichen Plätzen gesungen werden, oder aber im Gehen, wenn sich die Bhaktas in Prozessionen rund um den Tempel in Bewegung setzen. Häufig steigern sich die Sänger der Bhajans und Kirtans durch Rhythmus und Tempo in einen Zustand der religiösen Berauschung.

Weniger extrovertiert, also stiller und zurückgezogen, sind die Verehrungsformen des Nama-Japa und des Sandhya. *Nama-Japa* ist die ständige Wiederholung eines heiligen Namens Gottes. Überall in Indien, auf der Straße und im Zug, in den Tempeln und Häusern sieht man Menschen die Namen Gottes flüstern, oft mit Hilfe eines Rosenkranzes *(Mala),* der meist 108 Perlen aneinanderreiht. Nama-Japa, oft auch »Murmelgebet« genannt, kennt drei Grade: Zuerst sprechen die Beter den Namen leise vor sich hin, sie hören sich selbst sprechen und können sich dadurch besser sammeln. Dann sagen sie den Namen nur innerlich, ohne ihn mit den Lippen zu formen und auszusprechen. Und zuletzt, nach langer Übung, ist keine willentliche Sammlung auf den Namen mehr notwendig. Nama-Japa »läuft« von allein im Innern weiter, gleicht sich meist dem Atemrhythmus an und bestimmt den Frieden und die Ausgeglichenheit des Beters. Nama-Japa hat Ähnlichkeit mit dem »Herzensgebet« oder dem immerwährenden »Jesusgebet« der Ostkirche. Viele Gebete in unserer Sammlung verehren einen Namen Gottes und bezeugen dadurch, wie wesentlich das stille Wiederholen des Gottesnamens ist.

Sandhya heißt »Abend oder Morgen«, oder genauer: die Zeiten zwischen Tag und Nacht, die Zeiten des Zwielichts. Sie gelten als besonders günstig, als geheiligt für den Gottesdienst in den Tempeln oder in der offenen Natur sowie in der eigenen Wohnung. Man beginnt den Tag mit Gebeten und beschließt ihn mit Gebeten. Am Morgen verabschiedet man die Nacht und feiert den neuen Tag, am Abend bedenkt man den vergangenen Tag und bereitet sich auf das Dunkel der Nacht vor. Es sind die Zeiten der Meditation sowie der rituellen Gottesdienste, der sogenannten *Pujas*. Während der Sandhya-Gottesdienste ist es üblich, auch Lieder zu singen oder Gebete aus den heiligen Schriften zu rezitieren.

Hindus erleben den kosmischen Rhythmus von Tag und Nacht, der wechselnden Jahreszeiten, der Sonnen- und Mondzyklen stärker als wir Menschen in Europa. Der ursprüngliche Grund mag sein, dass die vedischen Inder als Bauern und Hirten stärker von Gunst und Unbill der Natur abhängig waren als die Urchristen. Oder weil ein Einfluss, der vergleichbar mit dem Rationalismus und der Aufklärung wäre, Indien nicht erreicht hat oder erst durch die abendländische Kultur wirksam wurde. Während Hindus heute noch stark in Natur- und kosmischen Zusammenhängen leben, spielen in unserem Glauben Sonne und Mond, die Elemente, Bäume und Pflanzen und Tiere keine existenzielle Rolle mehr. Die Gebete dieses Bandes sind durchwirkt von dem Staunen und Schaudern angesichts der kosmischen Phänomene.

Dazu gehört auch die besondere Bedeutung, die den *Festen* im Hinduismus zukommt. Jedem Vollmond und Neumond wird eine besondere Bedeutung zugeordnet und entsprechend gefeiert. Der elfte Tag im Mondmonat wird mit Fasten, mit Gesängen und Litaneien zugebracht. Es gibt Feste im Frühjahr und Herbst, es sind zum Beispiel Feste zur Aussaat und Ernte. Hinzu kommen die individuellen Feste wie zu Geburt, Heirat und Tod, zum ersten Reisessen und zur Initiation in die Religion zu Beginn der Pubertät und viele andere. Keines dieser Feste kann ohne Lieder auskommen.

Zur Gliederung dieses Buches

Die hier zusammengetragenen Gebetstexte habe ich in eine organische Ordnung gereiht.

- Ich beginne mit dem tiefen Staunen der Menschen angesichts des Urmysteriums, das Gott darstellt, das sich nicht verstehen und noch weniger beschreiben lässt (erstes Kapitel).
- Aus diesem Großen Unbekannten entfaltet sich allmählich Gott als Person, der Eigenschaften und eine – meist menschliche oder menschenähnliche – Gestalt besitzt und den man als »Du« ansprechen und verehren kann (zweites Kapitel).
- Mit diesem Du können Bhaktas eine persönliche Beziehung aufbauen, analog zu den ihnen bereits bekannten Beziehungen mit geliebten Menschen. Angesichts des göttlichen Du ergreift als Erstes die Bhaktas die Sehnsucht, dieses Du genauer kennenzulernen, es in Visionen oder im eigenen Herzen zu »sehen« (drittes Kapitel).
- Das schwerste Hindernis bei der Erfüllung dieser Sehnsucht ist jedoch die eigene Unvollkommenheit. Es folgen die Klagen über die eigenen Sünden und Schwächen sowie die Bitten um Vergebung (viertes Kapitel).
- Durch Sühne, Askese, durch die Erfüllung der religiösen Pflichten, durch Gottes- und Menschenliebe läutern sich die Menschen und können sich wiederum Gott annähern. Das tun sie Schritt für Schritt.

Sie spüren, dass diese Annäherung an Gott nicht in einer raschen einzigen Bewegung möglich ist, sondern zunächst durch die Liebe von Gottes Schöpfung. Die Liebe zu den Menschen, zu der Natur und der Umwelt, dem Kosmos als Schöpfung bringt sie auch Gott näher (fünftes Kapitel).
- Ist diese kosmische All-Liebe erreicht, können sich die Bhaktas ganz Gott zuwenden. Sie sammeln sich auf Gott in seinen vielen Gestalten und schließlich auf Gott in der einen Gestalt, die dem einzelnen Bhakta am wesentlichsten und liebsten ist (sechstes Kapitel).
- Diese intensive Sammlung auf Gott und Gott allein lässt uns die Gegenbewegung immer stärker erfahren: Die Bewegung Gottes auf uns zu. Es ist die Antwort des Du auf unseren Anruf, auf unsere Sehnsucht. Das ist die Erfahrung der göttlichen Gnade (siebtes Kapitel).
- Sobald diese Erfahrung der Gnade erstarkt und mächtig geworden ist, spüren die Bhaktas eine immer tiefere Vereinigung mit Gott und können ausbrechen in Gebete und Lieder des Jubels und der Freude (achtes Kapitel).

Die Texte dieses Bandes habe ich vor vielen Jahren, und zwar in der Anfangszeit meines fast vier Jahrzehnte währenden Aufenthalts in Indien, aus einer Vielzahl von Quellen gesammelt, übersetzt und in zwei Bänden herausgegeben.

Endlos ist die Zeit in Deinen Händen. Mit den Hindus beten. Gesammelt, übersetzt und eingeleitet von Ignatius Puthiadam und Martin Kämpchen. Verlag Butzon & Bercker, Kevelaer 1978; *Krishnas Flöte. Religiöse Liebeslyrik aus Indien.* Gesammelt, übersetzt und eingeleitet von Martin Kämpchen. Herder Verlag, Freiburg 1979. – Beide Bücher erlebten Nachauflagen.

Hier habe ich eine neue Auswahl getroffen, die Texte überarbeitet, sie in einer mir sinnvoll erscheinenden Kapiteleinteilung neu geordnet und sie neu eingeleitet und erklärt. Mit Erklärungen und Interpretationen habe ich mich jedoch zurückgehalten, um die ursprüngliche Frische der Texte nicht anzutasten. Begriffe, die in der Gesamteinleitung oder in den Kapiteleinleitungen erscheinen, habe ich in den Anmerkungen zu den Einzeltexten nicht mehr aufgegriffen.

Danksagung

Ich danke Ignatius Puthiadam SJ, der mir die Erlaubnis gegeben hat, die ursprünglich gemeinsam zusammengetragene erste Sammlung von Gebeten jetzt selbstständig zu bearbeiten und herauszubringen.

Martin Kämpchen

Nur das Eine war, nichts sonst

Das Urmysterium Gottes

Die beiden großen Hymnen aus den Veden sprechen das ursprüngliche Mysterium des Seins an. Der Rig-Veda beschreibt evokativ, mehr in Fragen als in Aussagen, den Mythos der Schöpfung. Der bekannte Hymnus über den Atem des Lebens *(Prana)* beschreibt in gewaltigen Metaphern die göttliche Energie, die in der Natur und im Menschen als ihr Lebensprinzip waltet. Die innere Natur der Menschen beschreiben die Texte aus den Upanishaden. Der *Atman*, die göttliche Seele, die in »der Höhle des Herzens« wohnt, kann nur von Menschen mit »Reinheit des Geistes und der Sinne« erfasst werden. Dieser Atman wird zum »inneren Führer« der Menschen. »Den Weisen, die ihn in ihrem Innern erfahren, / wird ewige Freude zuteil – niemandem sonst.« Die Frucht der Innenschau ist, wie in den Evangelien, die Schau Gottes, die ewige Freude. Die Chandogya Upanishad wagt eine großartige Spekulation über Endlichkeit und Unendlichkeit. Man sieht hier, wie die mystischen Dichter an die Grenzen der Sprachmöglichkeiten geraten, um das Urmysterium auszudrücken. Auch zwei südindische Dichter vermögen dieses Mysterium sprachlich nur in Paradoxen zu deuten.

Das Eine

Da war weder Nichtsein noch Sein;
nicht war Luft, noch ein Himmel darüber.
Gab es etwas, das verborgen lag, und wo?
Unter welcher Hülle?
Gab es Wasser dort, unermesslich tief?
Nicht war Tod oder Unsterblichkeit;
von Tag und Nacht kein Anzeichen.
Das Eine atmete ohne Atemluft aus eigenem Antrieb.
Nur das, nichts sonst, war.
Rig-Veda X,129,1–2

Atem des Lebens

Wir huldigen dem Atem des Lebens,
denn dieses ganze Universum gehorcht ihm.
Er ist der Herr aller Dinge geworden,
alles hat in ihm seinen Ursprung.

Wir huldigen dir, Atem des Lebens,
wir huldigen deinem Tosen;
wir huldigen dir, Donner, und dir, Blitz;
wir huldigen dir, o Atem des Lebens,
wenn du Regen herabgießt.

Wenn donnernd der Atem des Lebens
auf die Pflanzen niederbraust,
empfangen sie Leben;
ein neuer Lebenskeim reift in ihnen.
Zahlreich werden sie geboren.

Als der Atem des Lebens Wasser spendete,
erhoben die Pflanzen ihre Stimme:
»Du hast unser Leben verlängert;
Duft hast du uns gegeben.«

Wir huldigen dir beim Einatmen.
Wir huldigen dir, Lebensatem, beim Ausatmen:
Wir huldigen dir, wenn du dich abwendest,
wir huldigen dir, wenn du dich uns wieder zukehrst!
Dir gebührt in allem, ja in allem Huldigung.

Der Atem des Lebens nimmt die Kreaturen
als sein Gewand;
Er nimmt sie an wie ein Vater seinen geliebten Sohn.
Der Atem des Lebens ist der Weltenherr,
der Herr aller, die atmen,
der Herr von allem, was ohne Atem ist.

O Atem des Lebens, wende dich nicht ab von mir:
Ich selbst verschmilze mit dir.
Wie ein Lebenskeim im Wasser:
So umgebe und binde ich dich in mir, damit ich lebe!
Atharva-Veda XI,4,1–3; 6; 8; 10; 26

OM

Das Urwort »A-U-M« (zusammengezogen: »Om«) haben die Rishis als Erstes in ihren Meditationen gehört. Danach entfaltete es sich und offenbarte die Veden und die anderen heiligen Schriften. Mit »Om« beginnen und enden viele Gebete, Litaneien und Anrufungen.

Om. Fülle dort, Fülle hier:
Fülle geht aus der Fülle hervor.
Nimm Fülle weg von Fülle:
Und doch bleibt Fülle bestehn.
Brihadaranyaka Upanishad V,1

Atman

Feiner noch als ein Atom, größer als das Universum,
ist der Atman – die Große Seele – versteckt
in der Höhle des Herzens aller Geschöpfe:
Der Mensch ohne Gier und Verlangen,
jeder Betrübnis bar, der wird seiner gewahr,
der Herrlichkeit des Atman,
durch die Reinheit des Geistes und der Sinne.

In Körpern ist er körperlos,
in wandelbaren Dingen beständig, dauerhaft,
der Atman, der große Herr des Weltalls;

wer seiner inne wird, kennt keinen Schmerz mehr
und ist weise.

Durch Studium erreicht niemand den Atman,
noch durch Verstand und Gelehrsamkeit;
nur wer seine Gnade gewinnt,
dem offenbart der Atman seine Wahrheit.

Wer die Wege des Lasters nicht verlässt,
zügellos ist und ungesammelt,
wer unruhig ist im Geist,
kann ihn nicht fassen, sei er noch so weise und klug.

Wer kennt ihn denn wirklich?
Doch nur der, dem Prinz und Bettler Gleiche sind,
dem Götterspeise so schmackhaft ist
wie das Brot der Armen,
und dessen Geist sogar den Tod verschlingt –
da er doch ewig ist.

Katha Upanishad II,20; 22–25

Das Licht der Welt

Einzig und über alles erhaben ist der Atman,
die große Seele, der innere Führer,
Er erschafft aus sich die Vielheit der Welt.
Den Weisen, die ihn in ihrem Innern erfahren,
wird ewige Freude zuteil – niemandem sonst.

Beständig inmitten Unbeständigkeit,
der Geist aller geisterfüllten Geschöpfe,
der Eine in den vielen Dingen, der Wunscherfüller;
den Weisen, die ihn in ihrem Innern erfahren,
wird ewige Freude zuteil – niemandem sonst.
Die Sonne scheint nicht, noch Mond und Sterne,
diese Lichter scheinen nicht auf ihn,
noch weniger Erdenfeuer.
Sein Licht ist das Licht der Welt,
das Licht, das jedes andere Licht erleuchtet.
Katha Upanishad V,12–13; 15

Glückseligkeit

Glückseligkeit besteht einzig und allein
im Unendlichen:
Keine Glückseligkeit liegt im Kleinen, Endlichen.
Nur das Unendliche bedeutet Glückseligkeit.
Du sollst also wirklich das Unendliche verstehen lernen.
Wenn man nichts mehr sieht, nichts mehr hört,
nichts mehr weiß, das ist das Unendliche.
Doch wenn man noch etwas sieht, noch etwas hört,
noch etwas weiß, das ist etwas Kleines, Endliches.
Das Unendliche ist gleich dem Unsterblichen;
das Kleine, Endliche ist gleich dem Sterblichen.

Dies Unendliche ist unten und oben,
im Westen und Osten, im Süden und Norden.
Wahrhaftig, es ist dieses ganze Universum.
Chandogya Upanishad VII,23–25,1

Brahman

Strahlend ist Es, feiner als alles Feine auf Erden:
Alle Welten, und was sie belebt, sind enthalten darin:
Das ist das Unzerstörbare, das Brahman.
Es ist Lebensenergie, Es ist Wort, Es ist Geist,
Wahrheit und Unsterblichkeit:
und unendlich mehr als dies, mein Freund;
darum dringe tiefer und tiefer hinein.

Himmel und Erde und der Äther
sind sein Mantel; und Geist und Lebensatem:
Dies ist gewiss der Atman.
Lass alle anderen Worte weg.
Das ist die Brücke zur Unsterblichkeit.

Er wirkt in unserem Innern
und erscheint in vielen Formen, an vielen Orten.
Sprich Om und betrachte den Atman.
Glück dir!
Mögest du das andere Ufer der Dunkelheit erreichen!
Mundaka Upanishad II,2,2; 5–6

Zuflucht zu deinen Füßen

Alle Pflichten und alle Wünsche,
selbst den nach Erlösung, habe ich aufgegeben,
um zu deinen Füßen, o Herr, die mit großen Schritten
das Universum durchmessen, Zuflucht zu finden.

Du bist meine Mutter, mein Vater,
mein Verwandter und Lehrer.
Du bist mein Wissen und Reichtum.
Gott der Götter, du bist alles für mich.

Herr, erlaube mir, dir zu dienen.
Denn meine Liebe, die die Erfahrung deiner Größe
in mir weckt, verlangt danach.
Ich kann nichts anderes wollen.

Ramanuja

Aller Dinge Ursprung

Das ist Gott. So ist Gott ...
Ach, was wissen schon die Leute!
Ich will dir sagen, wie er ist.
Keine Füße hat er, doch schenkt er allen Bewegung;
keine Hände, doch er befiehlt allen zu greifen;
keine Zähne, doch gibt er allen das Vermögen zu kauen;
er hat keinen Magen, doch gibt er allen zu essen;
er hat keine Ohren, doch schenkt er allen Gehör.
Unsichtbar durchdringt er die innere und äußere Welt.
Er ist aller Dinge Ursprung.
Was die Menschen je über Gott gedacht haben:
das ist er.

Purandaradasa

Du wohnst in allen Wesen

Gott, das große DU

Haben die Menschen Gott als ein »Du« entdeckt, ist er nicht mehr ein Mysterium, das unbenennbar ist. Im Gegenteil, den Betern fallen nun hundert verschiedene Namen und Charakterisierungen für Gott ein. Er ist Schöpfer und König, er ist »der Höchste und Niedrigste«, er »wohnt in allen Wesen / und strahlt doch über alle hinaus«. Er ist Sonne, Mond und Sterne, er lebt in »Bäumen und Pflanzen und Wiesen«. Er wohnt aber »weder in Tempeln noch in Moscheen«, dennoch können die Beter ihn »im Nu« treffen, wenn sie ihn wahrhaftig suchen. Die Beter bemühen sich, Gott in Worten auszudrücken, doch müssen sie immerzu auf Gegensatzpaare und Paradoxe zurückgreifen. Sie spüren das »Du«, dennoch sind sie verwirrt von der Vielfalt seiner Erscheinungen und geraten in innere Bedrängnis. »Warum zweifelst du?« fragt ein Sänger. »Wer bemalte den Pfau mit mannigfachen Farben?« Das heißt, Gott offenbart sich in der Natur und im Kosmos. Sei geduldig, »Gott säumt nicht länger«. Es gibt keinen Grund zum Zweifel und zur Verwirrung. Doch halte dich an den »lebendigen Gott«, er ist nicht zu übersehen.

All-wissend

Ob die Menschen stehen oder gehen
oder im Geheimen wandeln,
sich niederlegen oder erheben,
ob zwei sich flüsternd unterhalten:
All das weiß Gott, der König;
Er ist der Dritte eines jeden Zwiegesprächs.
Atharva-Veda IV,16,2

Gott hat jeden Lidschlag gezählt

Alles sieht Gott, der König,
was zwischen den Himmeln liegt, was jenseits liegt.
Er hat die Lidschläge jedes Menschen gezählt.
Sorgsam wie der Spieler die Würfel wirft,
setzt Gott seine Gesetze ein.
Atharva-Veda VI,16,5

Unsere Vorsehung

O Agni, Gott des Feuers, du bist unsere Vorsehung,
unser Vater du;
wir sind deine Brüder, unser Lebensquell bist du.
Mutige Helden in Überzahl dienen dir,

du bist der Erhalter himmlischer Ordnungen;
in dir vereinen sich hundert, tausend Schätze,
o Unfehlbarer!
Rig-Veda I,31,10

Zerbrecht alle andern Bilder!

Den, der in dir lebt und außerhalb,
der mit allen Händen wirkt,
mit allen Füßen geht,
dessen Körper ihr alle seid –
den betet an! Zerbrecht alle andern Bilder!

Den, der der Höchste und Niedrigste ist,
Sünder und Heiliger,
Gott und Wurm zur gleichen Zeit –
den betet an! Den Sichtbaren, Erkennbaren,
den Wirklichen und Allgegenwärtigen.
Zerbrecht alle andern Bilder!

Den, der weder vergangenes Leben
noch Tod und Wiedergeburt hat,
in dem wir eins sind
und eins sein werden in Ewigkeit –
den betet an! Zerbrecht alle andern Bilder!

Narren ihr! Den lebendigen Gott zu übersehen,
die unendlichen Strahlen seines Wesens,

von denen die Welt erfüllt ist.
Statt den Schatten eurer Einbildung zu folgen,
was euch nur in Streit verwickelt –
verehrt ihn, den einzig Sichtbaren!
Zerbrecht alle andern Bilder!
Swami Vivekananda

Du wohnst in allen Wesen

»Hari« und »Gopala Vithala« sind Namen für Gott Vishnu bzw. seinen Avatar Krishna. Die im Gebet erwähnte Lotosblume hat ihre Wurzeln im Schlamm eines Teiches, steigt aber davon unberührt aus dem Wasser hervor.

Wohin ich mich auch wende,
da ist kein Ort, wo du nicht bist.
Du wohnst in allen Wesen,
und strahlst doch über alle hinaus.
Du west im Gras, im Baum,
in allem, was Atem belebt und ohne Atem ist.
Alles singt dein Lob: Nichts lebt ohne dich.
O Hari! Was soll ich den Besserwissern entgegnen,
die behaupten, zwischen dir und ihnen
sei kein Unterschied?
Wie der Lotos, der umgeben von Wasser
doch bleibt wie er ist,
so ruhst du in allen Dingen.

O Gopala Vithala! Gott aller Gottheiten,
nur die Weisen kennen dich, niemand sonst.
Das Antlitz, die Augen, Hände und Handflächen
des Universums bist du, der du alles durchdringst.
Du bist die Ohren des Universums,
Du, in allen Formen gegenwärtig.
Alles durchdringst du.
O Gopala Vithala! Du bist das Universum selbst;
gewähre mir Hingabe an deine heiligen Füße.
Gopaladasa

Atem in allem Atem

Die »Kaaba« ist das Heiligtum der Muslime in Mekka, der »Kailas« der heilige Berg der Hindus in Tibet. »Sadhu« meint »Reiner, Heiliger« und ist die Anrede für einen Mönch.

O Diener, wo suchst du mich?
Sieh doch! Ich stehe neben dir.
Weder in Tempeln noch in Moscheen wohne ich.
Weder in der Kaaba, noch auf Kailas:
Weder in Riten noch Zeremonien,
noch in Yoga oder Entsagung.
Wenn du wahrhaftig suchst,
wirst du mich sofort erblicken:
wirst du mich treffen im Nu.

Kabir sagt: O Sadhu!
Gott ist der Atem in allem Atem.
Kabir

In jedem Licht sehe ich dein Licht

»Ram« oder »Rama« ist der siebente Avatar des Gottes Vishnu; sein mythisches Leben wird in dem Epos »Ramayana« beschrieben.

O Ram, deine Gestalt erscheint überall vor mir.
Alle Welten verklärt dein Licht, dein Ruhm.
O Ram, du bist die Sonne am Himmelsgewölbe,
der Mond und die Sterne bist du, die Zier der Nacht.
O Ram, du bist Leben, wo Leben sich zeigt,
du bewegst das Weltall auf tausend Bahnen.
O Ram, dort diese Hügel und jede Meereswelle
spiegeln deine göttliche Form in mein Herz.
O Ram, ich sehe dein Licht in wilden Wäldern,
in Bäumen und Pflanzen und Wiesen.
O Ram, in jedem Licht sehe ich den Widerschein
deines göttlichen Lichts.
du bist alles in allem – Liebe, Seligkeit und Stärke.
Ramdas

Gott hat dich erschaffen

O Geist! Zapple und winde dich nicht,
sondern übe dich in Geduld.
Gott säumt nicht länger,
schon eilt er herbei, dich zu schützen.
Zweifle doch nicht.
Wer bewässert denn die Bäume auf den Bergeshöhen
und hegt und pflegt die zarten Sprossen?
Gott hat dich erschaffen,
dich angenommen als sein Geschöpf,
wird er dich also nicht schützen?
Warum zweifelst du?
Wer bemalte den Pfau in mannigfachen Farben?
Wer pinselte dem verschwatzten Papagei
sein Grün aufs Gefieder?
Wird ein Schöpfer, der das tut – Sri Hari –,
uns vergessen?
Wer gibt dem Frosch Speise,
der unterm Stein sein Leben empfängt und verbringt?
Der mächtige Vishnu eilt schon herbei,
dich zu schützen.

Kanakadasa

Allumfassender Geist

»Vedanta« ist eine philosophische Schule im Hinduismus, die auf den Veden aufbaut.

Alle lebensbegabten Wesen, ob sie kriechen oder gehen,
fliegen, schwimmen oder bewegungslos bleiben:
alles verkörperte Sein, alle Formen und Erscheinungen
fließen vom Leben ins Nichtsein zurück.
Sogar die Elemente verkümmern zur Untätigkeit.
Nur du, allumfassender Geist,
bleibst immer bestehen; du Unermesslicher,
die Weisheit der Veden und des Vedanta!

Frei bist du und brauchst niemanden!
Friede, der Ruhm der Begnadeten,
ewige Gnade, glorreiches Licht bist du;
der Gott, der, sobald ich bereit bin, sich mir zeigt;
der Lehrer, der mich liebevoll suchte,
und mich die Glückseligkeit des Schweigens lehrte.
Du bist ohne Anfang und Ende,
o du, dessen Gegenwart alle Dinge durchdringt
bis ins Kleinste, du alles umfangende Glückseligkeit.
Tayumanavar

Nimm mein Leben

Nimm mein Leben,
damit ich es dir, Herr, weihe.
Nimm mein Herz
und durchtränke es, Liebe, mit dir.
Nimm meine Augen
und lass sie trunken werden, Gott, von dir.
Nimm meine Hände
und lass sie schwitzen, Wahrheit, für dich.

Mein Herz hat sich geistigen Übungen geweiht.
Den Wanderstab in der Hand,
Schreibpapiere unterm Arm –
so befehle ich über die halbe Welt.
Ich lebe von Brotkrusten, als Almosen hingeworfen,
doch geh ich durchs Land wie ein wohlhabender Mann.
O Rama, die Freude der Gesellschaft mit Gott
übersteigt alle Vergnügungen eines königlichen Lebens.

Swami Rama Tirtha

An den Ufern
spielt er auf seiner Flöte

Sehnsucht nach Gott

Sehnsucht ist vor allem ein Thema des Vishnuismus. Das Symbol der Sehnsucht nach Gott ist die Flöte, die Gott Krishna spielt: Man hört die lockenden, betörenden Melodien Krishnas, man kann den Lauten folgen, Gott suchen und ihm nachgehen. Doch diese Melodien selbst sind nicht Gott, sie wecken lediglich die Sehnsucht nach Gott und zeigen den Weg zu ihm. Mirabai, jene königliche Sängerin, die die Liebe zu Gott Krishna in den bewegendsten Worten darstellte, beschreibt das Warten auf Gott, die Unruhe der sehnsüchtigen Seele, ihre Schlaflosigkeit und das »Feuer meines Körpers«, das nur der Anblick des Geliebten löschen kann. Ein anderer Dichter vergleicht seine Sehnsucht mit der von Vogelkindern im Nest, die auf ihre Mutter warten, die Futter bringen wird. Oder wieder einer mit einem Vogel, der über die hohe See fliegt und nur Ruhe haben wird, wenn er einen Schiffmast findet. Oder mit einem Bettler an der Tür zur Wohnung Gottes. »Die Wonne, in Gottes Liebesumarmung zu ruhen, will ich erfahren – wann wird es sein?« schreibt Manikkavasagar aus Südindien. Ein wiederkehrendes Bild sind die »Füße« des göttlichen Herrn. Die Füße, die täglich den Staub der Wege berühren, gelten als geringster Teil des Körpers. Sie zu berühren und über sie zu meditieren ist darum ein Akt der Demut.

Wir fühlen uns an die Brautmystik der christlichen Mystikerinnen erinnert, die sich als »Braut Christi« empfanden. Dieses schmerzliche, brennende Gefühl der Sehnsucht nach dem geliebten Herrn beschreiben vishnuitische Lehrer als die höchste Form der Liebe – sie ist sogar höher als die Liebesvereinigung.

Wer erbarmt sich unser?

Wer erbarmt sich unser,
wer kühlt unsere Stirn,
wer kommt uns zu Hilfe?
Im Herzen bewegen sich die Gedanken,
die Absichten; die Wünsche suchen überall,
sie schwärmen hinaus in die Welten;
niemand als ihr seid barmherzig:
Meine Sehnsucht und meine Hoffnung
erheben sich zu den Göttern.
Rig-Veda X,64,1–2

Die ganze Nacht saß und wartete ich

Der im Gebet erwähnte »Regenvogel« ernährt sich nur von Regenwasser.

Zersprungen ist mein Schlaf, o Freund;
die ganze Nacht saß und wartete ich
auf meinen Liebling.
Alle Freunde haben
weise Worte gepredigt.
Mein Herz hat kein einziges angenommen.
Ruhelos bin ich, solang ich ihn nicht sehe;
doch hegt mein Herz keinen Groll.
Meine Glieder sind schwach und unruhig,

meine Lippen rufen nach meinem Liebling,
meinem Liebling.
Niemand versteht die Pein der Trennung
in meinem Herzen.
Ich bin wie der Regenvogel, der nach den Wolken ruft,
wie ein Fisch, der nach Wasser giert.
Mira ist verstört, fassungslos.
Sie ist ganz von Sinnen.

Mirabai

Der Flötenspieler

»Yamuna« ist der Name des Flusses, an dem Gott Krishna seine Geliebte Radha trifft. »Herr Girdhar« ist eine Anrede Krishnas.

An den Ufern der Yamuna
spielt er auf seiner Flöte.
Die Flöte hat mir mein Herz gestohlen,
mein Geist ist friedlos geworden.
Krishna ist dunkel, mit dunklem Umhang,
dunkel ist das Wasser der Yamuna.
Wenn die Flöte anhebt,
werd ich von Sinnen,
mein Körper zittert.
Mira sagt: Herr Girdhar,
eil herbei und befreie mich von meinem Schmerz.

Mirabai

Kehre heim!

Das Gebet richtet sich an Krishna, der auch mit dem Namen »Mohan« angesprochen wird.

Mein umherschweifender Liebling, kehre heim.
Du wirst das Feuer meines Körpers löschen,
ich werde glücklich sein.
Zusammen wollen wir frohlockende Lieder singen.
Der Pfau sieht die dunklen Regenwolken
und hüpft vor Freude;
komm in meinen Hof.
Die Lilien erblicken den Mond
und blühen auf;
Entzücken überwältigt mich.
Jede Pore meines Körpers wird kühl sein, o Freund,
wenn Mohan in meinen Hof kommt.
Er hilft all seinen Verehrern,
er wird das Versprechen halten.
Mira ist von ihrem Girdhar Nagar getrennt;
komm her und nimm die Qual von mir.
Mirabai

Meine Augen dürsten nach deinem Anblick

»Hari« ist ein anderer Name für Gott Vishnu bzw. seinen Avatar Krishna.

Meine Augen dürsten
nach deinem Anblick.
Sieh, Freund, während ich die Straße
auf- und abschaute, ist der Tag vergangen.
Ein Berg von Kummer bedeckt meine Augen.
Hör, der Koel-Vogel sitzt auf einem Zweig und singt.
Wie schmerzlich ist mir sein Gesang.
Die Welt urteilt hart
und macht sich über mich lustig.
Doch Mira ist Haris Eigentum,
sie ist sein Sklave viele, viele Leben lang.
Mirabai

Qual der Liebe

Mit dem »Yogi« des Gedichtes ist Gott Krishna gemeint.

Wer einen Yogi liebt,
nichts als Kummer erntet der.
Ich sage dir, Freund, diese Liebe macht nicht froh.
Ein Yogi ist niemandes Freund.

Doch seh ich ihn nicht,
bin ich ruhelos Tag und Nacht.
In dieser Welt
hab ich kein Gesicht gesehen,
seinem gleich.
Mira sagt: Wann wirst du zu mir kommen, mein Herr?
Komm, und du wirst mir Freude bringen.
Mirabai

Liebes-Sehnsucht

Die »Regenzeit« gilt in Indien – wie in Europa der Frühling – als die Zeit der Liebe. Deren Gott ist der (wie Eros) mit Liebespfeilen bewaffnete »Kama«.

O mein Freund, mein Schmerz nimmt kein Ende.
Es ist Regenzeit, mein Haus ist leer,
schwere Wolken brauen am Himmel,
die Erde ist vom Regen durchweicht
und mein Liebhaber ist weit weg.

Der grausame Kama durchbort mich mit seinen Pfeilen:
die Blitze zucken, die Pfauen stolzieren,
Frösche und Wasservögel rufen unablässig,
trunken vor Freude – und mein Herz ist schwer.
Dunkel ist über der Erde;
der Himmel flackert nur manchmal grell auf …

Vidyapati sagt:
Wie wirst du diese Nacht ohne deinen Herrn
durchstehen?
Vidyapati

Wann kehrt er zu mir zurück?

Wann wird mein Lotosäugiger zu mir
zurückkehren?
Ein einziger Blick genügte,
und die Ranken meines Lebens erblühten in Freude.
Doch jetzt hat er mich verlassen.
Ohne ihn sind diese Blüten zu Asche verglüht.
Wenn er nicht kommt,
wer wird die Knospen der Glückseligkeit aufbrechen,
damit sie erblühen?
Getrennt von ihm durchsticht mich jede Knospe,
schrecklich ist mein Schmerz.

Komm doch, o mein schönäugiger Geliebter!
Ein Blick nur und meine Qual wird Entzücken.
Die Erinnerung treibt einen Strom von Tränen
aus meinen Augen. Mein Lager ist
wie ein Floß geworden: Könnte ich doch den Strom
meiner qualvollen Tränen hinaufsegeln
zu den Ufern meines Herrn!
Wie glücklich ich wäre!

Mein Leben entgleitet mir.
Beeile dich, o mein Herr!
Eile herbei, schenke mir noch einmal die Verzückung einer Begegnung.
Und friedlich werde ich sterben.

Surdas

Herr, öffne meine Augen

»Hari« ist ein anderer Name für Gott Vishnu bzw. seinen Avatar Krishna. Der Ausruf »Virat, Virat« bedeutet »Er lebe hoch!«

O, die verwünschte Faulheit meiner Augen,
dass ich Hari nicht einmal flüchtig sehen konnte!
So gern hätte ich einen Blick auf ihn geworfen.
Das Fieber von Sorgen und Täuschungen
brannte heiß in meinen Augen,
also haben sie den Herrn nicht gesehen.
Sie haben sich auch niemals ihm zugewandt.
Gott ist überall gegenwärtig,
er erfüllt die Schöpfung übervoll,
nicht ein Atom ist leer.
Er lebt in allem,
was sich bewegt und was unbewegt ist.
Der Herr ist wie der Himmel,
der mich überall umgibt.

Der Herr ist wie der Atem,
der ständig in mir auf- und niedersteigt.
Wenn sich die Augen einen Spalt öffnen,
kann ich ihn schon sehen, von Angesicht zu Angesicht.
Der Schöpfer ist von seiner Schöpfung
niemals getrennt.
Doch die Kruste der Weltlichkeit bedeckt
meine Augen, also erkennen sie nicht
den ewigen Puls des Lebens.
Die Eule lebt hundert Jahre lang,
doch hat sie das Tageslicht nie gesehen!
Der Herr ist wie der Ozean,
das Auge kann ihn nicht fassen.
Die Zunge ermüdet,
»Virat, Virat« zu rufen.
Wann wird sich das innere Auge,
o Herr, öffnen?
Wann werde ich diese dichte Finsternis durchdringen?
Hebe, o Herr, ich bitte dich,
den Schleier von meinen Augen;
o Augen, blickt tief,
Hari ist doch immer da.
Weg mit eurer Faulheit, ihr Augen,
blickt Hari ruhig und stetig an,
seht ihn an nach Herzenslust.

Nanalal

Wie ein Vogel auf hoher See

Ich bin wie ein Vogel
auf hoher See.
Wo findet er Ruhe als
auf des Schiffes Mast?
Die Küsten sind weit weg
im Nirgendwo.
Ebenso, mein Gott, wo könnte ich
Erlösung finden,
als zu deinen heiligen Füßen?
Kulasekhara Alvar

Nur bei dir

In den drei Welten habe ich nichts anderes
meines Verlangens für würdig gefunden.
O mein Herr, sei es Glück oder Elend,
es geschehe, was geschehen soll.
Wenn sich mein Geist nur tief hinneigt
zu deinen Füßen,
die lieblicher sind
als das Herz eines Lotos
in Blüte.
Appayya Dikshita

O Schlaf, ich möchte dich verkaufen

O Schlaf, ich möchte dich verkaufen,
fände ich nur einen Käufer.
Der Herr besuchte meine Wohnung,
und als er mich schlummern sah,
verließ er sie, o weh!
O Schlaf, du Unglücksbringer!
Ich habe den größten Schatz verloren,
den ich jemals besitzen könnte.
Sagt Lachi Rama: O Herr,
wenn ich dich jemals finde,
werde ich dich in meinen Augen gefangen nehmen.
Lachi Rama

Mein Herz sehnt sich nach dir

»Keshava« ist ein anderer Name für Gott Vishnu bzw. seinen Avatar Krishna.

Die Vogelmutter fliegt frühmorgens aus,
um Futter zu suchen, während die Kleinen hungrig warten.

Ebenso sehnt sich mein Herz nach dir.
Tag und Nacht sinne ich über deine Füße nach.

Das Kälbchen ist im Stall festgebunden, o Gott!
Im Herzen ruft es nach seiner Mutter.

Sagt Nama: Du bist mein vertrauter Freund, o Keshava,
kehr dich nicht von mir ab, du Beschützer der Hilflosen.
Namdev

Gib mir das Herz eines selbstlosen Dieners

O Gott, möge mein Herz deine Füße umklammert halten.
Stoße es nicht in die Sünden hinein.

Immer und überall will ich deine Namen aussprechen
und Gemeinschaft mit Heiligen pflegen.
Und, o Gott, verschone mich vor eitlen Fantasien.

Meine Füße sollen ständig auf Wallfahrt zu heiligen Orten sein
und meine Lippen den Namen Rama formen.
Hilf mir, meine Vorsätze zu halten.

Ich habe sonst keinen Wunsch.
Gib Eka, dem Bittsteller vor Gott,
das Herz eines selbstlosen Dieners.
Eknath

Du füllst den Becher wahrer Liebe

O, wahrer Guru! Mein Herz sehnt sich nach dir!
Du füllst den Becher wahrer Liebe,
trinkst zuerst davon und bietest ihn mir an:
Du hebst von meinen Augen den Schleier des Unwissens
und schenkst mir die Schau deines wahren Wesens.

Musik, die niemand zupft und streicht,
erklingt in mir.
Die Welten sind in deiner Hand
wie die Perlen eines Rosenkranzes.
Freude und Schmerz sind gleich für dich;
einmal sagst du mir Schmerzensworte,
dann wieder wischst du die Tränen von meinem Gesicht
mit Worten der Glückseligkeit.

Ich verlange, mit dir vereint zu werden,
mein Guru, mein Herr!
Was soll der fürchten, den du
unter das schützende Dach deines Hauses geleitest?
Kabir

Wann wird es sein?

Die Wonne, in Gottes Liebesumarmung zu ruhen,
will ich erfahren – wann wird es sein?
In der See der Erbarmung werden wir schwimmen
und plantschen tagelang – wann wird es sein?
Die mystische Melodie deiner Liebe
im Regen und Wind und Rauschen der Bäume
wird in meiner verzückten Seele ertönen –
wann wird es sein?
Die heilige Asche, die Gottes Stirn von alters her
schmückt,
werd ich berühren – wann wird es sein?
In der Versammlung der Heiligen,
die sich in der Liebe zu Gott verschwenden,
werde ich wohnen – wann wird es sein?
Die blütenzarten Füße Gottes, von denen sogar
die Schriften der Weisen schweigen,
werd ich verehren – wann wird es sein?
Wann steigt Siva –
gnädiger Gott! mein Besitzer! – herab,
um bei mir einzukehren?
Manikkavasagar

Ein Bettler bin ich an deiner Tür

Ein Bettler bin ich an deiner Tür,
erhebe flehend die Arme.
Gib mir ein Brösel, mein Gott,
Liebe, die sich erbarme.

Schone mich, dass ich nicht komme
und doch nichts erhalte von dir.
Eine Gabe erbittet Tuka, der Arme,
unverdient, umsonst gib sie mir.
Tukaram

Eine Gunst gewähre mir

O Gott!
Mir ist es einerlei,
ob ich eine hohe oder niedere Geburt empfange,
ob ich überhaupt geboren werde,
ob ich auf Erden oder im Himmel lebe,
ob ich vor Gram vergehe,
ob ich wohlhabend bin,
ob ich Not und Trübsal leide,
ob ich weise oder tölpelhaft bin,
ob ich am Guten oder Schlechten der Welt teilhabe.
Das ist mir fürwahr gleichgültig.
Doch eine Gunst gewähre mir, o Gott!

Gib mir, ich bitte dich, so viel Andacht,
dass ich deine heiligen Füße niemals vergesse.
O du Arzt aller Wunden,
der Wundertrank deiner Gnade heilt jede Krankheit!
O du, mein Herr, du wohnst in Herrlichkeit
im Herzen der sichtbaren und unsichtbaren Welten!
O du, Herr glorreicher Weisheit und Gnade!
O du, dessen Lotosfüße die Zuflucht aller Menschen
sind!
Gib mir, ich bitte dich, so viel Andacht,
dass ich deine heiligen Füße niemals vergesse.

Ramalinga Swamigal

Vergiss mich nicht!

O vergiss mich nicht, wenn ich dich vergesse!
Vergiss mich nicht,
sondern halte mich fern von den Fehden und Fiebern
des Lebens um mich herum.

Vergiss mich nicht,
sondern erhöre meine angstvollen Erwartungen
und segne mich, Meister! damit ich in der Einsamkeit
dieser lärmenden Welt nicht zugrunde gehe!

Vergiss mich nicht auf meinen Wanderschaften
in die Nähe und in die Ferne.

Sondern leite mich sicher durch die Gefahren
auf dem Weg, damit ich meine Heimat
zu deinen Lotosfüßen finde!

Vergiss mich nicht, du Schweigsamer!
Sondern führe mich gleichmäßig weiter auf meinem
Weg
und lass mich dir furchtlos dienen!

In diesen Kämpfen und Nöten, in dieser Furcht
meiner Einsamkeit, Meister! vergiss mich nicht!

Ich bin abgeirrt – doch dich suchend!
Ich habe gesündigt – doch voll Sehnsucht nach deinem
Antlitz!
Ich bin gefallen – doch als ich zu dir emporsteigen
wollte!
Mein Meister und mein Herr, mein Führer und Befreier!
Vergiss mich nicht!

T. L. Vaswani

Deine allverschlingende Barmherzigkeit

Sündenbewusstsein und Vergebung

Je weiter die Beter auf dem Weg zu Gott fortgeschritten sind, desto stärker sind sie sich des großen Unterschieds zwischen Gott und ihnen bewusst. Dieser Kontrast erschreckt sie, entmutigt sie, macht sie verzweifelt. Er entsteht durch das Sündenbewusstsein der Beter, das immer bedrückender wird, je mehr sie sich von ihren Sünden lösen. Werden sie jemals Gott erreichen und sich mit ihm »vereinen«?

Die Lieder unserer Sänger wetteifern geradezu darum, wer sich der größere Sünder nennen darf. Die Sünder können nicht von ihrer Neigung zu sündigen lassen – wie ein Affe, der nach Süßigkeiten schnappt, sie nicht loslässt und darum von den Häschern eingefangen werden kann. Aber die Sänger wissen auch, dass Gottes Barmherzigkeit und Fähigkeit zur Vergebung »allverschlingend« ist. Er sucht sich die größten Sünder aus, um ihnen zu verzeihen. Wir sind alle große Sünder, klagen die Beter, deshalb »nutze die gute Gelegenheit«, bitten sie Gott, uns zu verzeihen und an dich zu ziehen.

Vergib mir

Nicht um einer oder zwei oder drei Sünden willen
vernichte mich; selbst viele Sünden vergib mir.
Rig-Veda VIII,45,34

Erbarme dich, verschone mich

König Varuna ist der Herr der Unterwelt. Das »Verlies aus Lehm« ist Bild für das Grab.

Schicke mich, o König Varuna,
noch nicht hinab in dies Verlies aus Lehm:
Erbarme dich, verschone mich, mächtiger Herr!

Lebensdurst ist über mich gekommen, deinen Anbeter,
obwohl ich doch in des Wassers Mitte stehe:
Erbarme dich, verschone mich, mächtiger Herr!

O Varuna, was für Schuld wir Menschen uns auch
aufladen
gegen die himmlischen Heerscharen:
Zerstreutheit ist's, Mangel an Überlegung.
Vergib uns, o Gott, unsere Übeltaten!
Rig-Veda VII,89,1; 5–6

Sündige Gedanken, geht weit weg von hier!

Sündige Gedanken, geht weit weg von hier!
Warum flüstert ihr mir unschickliche Dinge ein?
Verlasst diesen Ort! Ich will euch nicht!
Geht zu den Bäumen und in die Wälder.
Meine Gedanken bleiben hier
bei meinem Haus und meinem Vieh.
Atharva-Veda VI,45,1

Der schlüpfrige Pfad in die Höhe

»Satguru«, der »wahre Guru«, meint Gott.

Meine Sinne sind mir verdunkelt,
wie kann ich ihn, meinen Gott, nun sehen?
O, der Pfad der Seele ist schlüpfrig,
wie leicht rutscht der Fuß.
Ich suche verzweifelt einen sicheren Halt,
aber ach, ich komme nicht weiter.

O Schöpfergott! Warum hast du meines Geliebten
Palast auf so hoher Höhe gebaut?
Wie soll ich hinaufklettern? Ach, ich kann nicht!
Und die Schildwachen wehren mir den Weg.

Welch ein Glück, dass mir mein Satguru
den Weg gezeigt hat,
damit ich meines Geliebten Wohnung
– nach Jahrhunderten der Trennung –
doch endlich erreichen kann, sagt Mira.
Mirabai

Deine Barmherzigkeit ist allverschlingend

Sriranga ist ein Vishnu-Tempel in der Nähe von Tiruchirappalli (Südindien).

O Herr von Sriranga!
Deine Barmherzigkeit ist allverschlingend.
Nicht einmal die Sünden aller Lebewesen
können sie besänftigen,
und schon gar nicht meine eigenen Sünden.

Du solltest mich also nicht übersehen,
als erfüllte ich deine Bedürfnisse nicht,
denn einen so großen Sünder wie mich
wirst du kein zweites Mal finden.
Deshalb nutze die gute Gelegenheit.
Vedacharya

Unfreies Selbst

Das Gedicht vergleicht das Selbst mit einem Affen, der, angelockt von Süßigkeiten, gefangen wird und für das Einkommen seines Herrn tanzen muss.

Das Selbst vergisst sich selbst,
wie ein wütender Hund sich im Glastempel zu Tode
bellt;
wie ein Löwe, der eine Gestalt im Brunnen sieht,
und auf sein Spiegelbild springt;
wie ein brünftiger Elefant, der seine Stoßzähne
in einen Kristallberg schlägt.
Der Affe greift nach einer Handvoll Süßigkeiten
und lässt sie nicht los.
Also muss er von Haus zu Haus
seine Tänze tanzen.
Kabir sagt: Du Papagei auf der Stange,
wer hat dich gefangen?

Kabir

Bitte um Bewahrung

Der »Herr Kudala Sangama« ist Gott Siva.

O Herr, mein Vater!

Schlage mich mit Lahmheit,
damit meine Füße nicht der Verlockung der Sinne folgen.

Schlage mich mit Blindheit,
damit sich meine Augen nicht in vergängliche Bilder vernarren.

Schlage mich mit Taubheit,
damit keine eitlen Worte meinen Sinn verdrehen.

Einzig auf die Füße deiner Heiligen
sei mein Geist gesammelt,
darum bitte ich meinen Herrn Kudala Sangama.
Basava

Dir gehöre ich und niemandem sonst

Obwohl ich böse bin, herzlos,
allen als schändlicher Sünder bekannt,
und mich schlechter Gesellschaft froh hingebe,
obwohl ich so niedrig bin, Krishna,
dir gehöre ich und niemandem sonst!
Obwohl ich raffgierig und hochmütig bin
und niemals einem Menschen half,
obwohl ich zornsüchtig bin
und verloren in Unwissenheit, dennoch, Krishna,
dir gehöre ich und niemandem sonst!
Haridasa

Mit dem Auge des Freundes

Bitten um kosmische Harmonie

Friede und Eintracht unter den Menschen sind notwendig, damit die Beter ungestört von zwiespältigen Gefühlen ihren Sinn auf Gott richten können. Dieser Friede führt zu einem langen und gesunden Leben, worum insbesondere die vedischen Menschen bitten. Sodann bitten sie um einen »scharfen Geist«, »Redegabe« und um Wohlstand. Sie bitten um moralischen Sinn, Aufrichtigkeit und Ehrfurcht vor Gott. Sie wollen, dass Gott ihr Ehe- und Familienglück schützt und bewahrt. Mehr noch: »Mögen alle Wesen mich / mit dem Auge des Freundes betrachten«, denn »auch ich will alle Wesen mit dem Auge des Freundes betrachten.« Diese kosmische Freundschaft ist die Grundlage für ein erfülltes Leben auf der Erde und bei Gott. Bis heute ist es üblich, eine rituelle Feier mit einem *Santi-Mantra* zu beginnen und zu enden. Die Vorlage stammt aus den heiligen Schriften, jeder Priester kann aber diese Invokation des Friedens der Situation entsprechend verändern.

Bitte um ein langes Leben

Wir wollen hundert Herbste lang sehen.
Wir wollen hundert Herbste lang leben.
Wir wollen hundert Herbste lang erkennen.
Wir wollen hundert Herbste lang immer höher steigen.
Wir wollen hundert Herbste lang blühen und gedeihen.
Wir wollen hundert Herbste lang im Leben stehen.
Wir wollen hundert Herbste lang wachsen.
Ja, länger noch als hundert Herbste!
Atharva-Veda XIX,63,1–8

Bitte um Lebenskraft

Gib meinem Munde Stimme,
meiner Nase Atem,
meinen Augen Sehkraft
und Gehör meinen Ohren;
gib mir Haare, noch nicht grau,
Zähne unverfault,
und meinen Armen Muskelstärke.
Stecke Kraft in meine Schenkel
und Schnelligkeit in meine Beine
und Ausdauer in meine Füße.
Dass alle meine Glieder unverletzt bleiben
und meine Seele unbesiegt!
Atharva-Veda XIX,60,1–2

Bitte um Gesundheit

»Agni« ist der Gott des Feuers.

Du, Agni, bist Schutzgott des Körpers:
Beschütze meinen Körper!
Du bist Gewährer langen Lebens:
Gewähre mir langes Leben!
Du bist Spender großer Geisteskräfte:
Gib mir große Geisteskraft!
O Gott, alles, was meinem Körper mangelt,
das lass ihm zukommen!
Yajur-Veda III,17

Gewähre mir glückliche Tage

Gewähre mir, o Gott, die höchsten, besten Güter,
einen scharfen Geist, Wohlstand unversieglich,
Schätze im Überfluss, beständige Gesundheit,
die Gnade der Redegabe und glückliche Tage.
Rig-Veda II,21,6

Mögen wir uns unserer Lebensspanne erfreuen

Götter, mögen sich unsre Ohren dem Guten öffnen,
und, ihr Heiligen, unsre Augen das Gute sehen!
Und dass wir, mit starken Gliedern und Körpern,
dir Lobgesänge darbietend,
uns der Lebensspanne, die du festsetzt, erfreuen!
Rig-Veda 1,89,8

Gayatri Mantra (Sonnengruß)

Eines der berühmten Gebete der Vedas, das bis heute zahlreiche Hindus beten (Gayatri Mantra). Das Urwort »A-U-M« (zusammengezogen: »Om«) beinhaltet mystisch die gesamten Veden. Die »Glorie der Gottheit« ist die Sonne. Ihr zugewandt soll das Gebet am Morgen gesprochen werden.

Om! Wir versenken uns ehrfürchtig
in die Glorie der Gottheit;
(die die Erde, den Luftraum und den Himmel durchdringt!)
Erfülle uns mit geistiger Kraft.
Rig-Veda III,62,10

Santi-Mantra

Santi-Mantras werden zu Beginn einer Feier oder Veranstaltung gebetet.

Möge mein Wort fest in meinem Geist gegründet sein.
Möge mein Geist fest in meinem Wort gegründet sein.
Möge das Offenbare mir offenbar werden.
Aitareya Upanishad

Vereinigung der Herzen

Ich vereine eure Herzen, eure Sinne
und befreie euch von Hass.
Liebt einander wie die Kuh ihr junges Kalb.
Der Sohn sei treu dem Vater
und eines Sinnes mit der Mutter.
Die Frau begegne ihrem Ehemann mit Worten,
die nützlich und lieblich anzuhören sind.
Der Bruder hasse den Bruder nicht,
die Schwester nicht die Schwester.
Einmütig, im Ziele vereint, seien eure Worte
immer froh!
Atharva-Veda III,30,1–3

Gebet für Eheleute

Ihr beide sollt hier wohnen, niemals getrennt!
Erfreut euch eines vollen Lebens;
mit Söhnen und Enkeln spielend,
preiset Heim und Herd.
Rig-Veda X,85,42

Einigkeit

Versammelt euch, sprecht miteinander,
seid im Geiste vereint.
Eure Absichten seien gleich,
eure Versammlungen einträchtig.
Gleicher Sinn und gleiches Denken verbinde alle.

Ein gemeinsames Ziel gebe ich euch;
verehret Gott mit den gleichen Opfergaben.
Gleich seien eure Absichten, eure Herzen vereint;
eins sei euer Geist, damit alle glücklich zusammen leben können.
Rig-Veda X,191,2–4

Eintracht

Eintracht herrsche in unserem eigenen Volk
und Eintracht mit fremden Völkern.
Lasst uns einmütig sein in Gedanken und Absichten
und nicht gegen den göttlichen Geist in uns kämpfen.
Schlachtrufe, inmitten vieler erschlagener Krieger,
wollen wir nicht hören,
und Angreifern keine Pfeile entgegenschießen
im Morgengrauen.
Atharva-Veda VIII,52,1–2

Mit dem Auge des Freundes betrachten

Mögen alle Wesen mich
mit dem Auge des Freundes betrachten;
auch ich will alle Wesen
mit dem Auge des Freundes betrachten.
Mögen wir uns einander
mit dem Auge des Freundes betrachten.
Yajur-Veda XXXVI,18

Ich kann's nicht länger ertragen

Mein Vater!
Überhelle Herrlichkeit! Gnadenvoller!

Ich kann's nicht länger ertragen,
überall diese Gesichter voll Kummer und Not
und Pein zu sehen.
Ich rufe den heiligen Namen deiner Gnade an!

Ich kann's nicht länger ertragen,
überall diese hämischen Worte grausamer,
hartherziger Menschen zu hören.

O mein Vater!
In deinem Namen, in deinem glorreichen Namen
flehe ich dich an!
Ach, ach, ich kann's nicht länger ertragen.
Ramalinga Swamigal

Mein Reichtum ist der Name Gottes

Liebe zu Gott,
der uns in vielen Gestalten erscheint

Christen, die zu dem einen Gott beten, erscheint er in unterschiedlicher Gestalt: Sie verehren das Jesuskind in der Krippe, sie schauen auf Christus den Lehrer, den Leidenden am Kreuz, den Auferstandenen, sie rufen den Heiligen Geist an.

Hindus erleben Gott in vielen menschlichen Gestalten und Rollen. Man sagt, dass jeder Bhakta sich entsprechend seiner Neigung Gott auf andere Weise vorstellt und darum jeder Gott anders anbetet. Kindliche, schutzsuchende Menschen wollen Gott als Mutter erleben, selbstbewusste Menschen, die gewohnt sind, Verantwortung zu übernehmen, erleben Gott als Freund oder Kind. Familienbewusste Menschen schätzen Gott als Vater oder als Liebhaber. Das erotische Element findet in der Religiosität der Hindus einen breiten Platz, wie eben in dem Leben der meisten Menschen auch. Krishna wird als der Verführer, der Liebhaber und Geliebte verehrt. In tausend Variationen wird die schmachtende Liebe des Milchmädchens Radha dargestellt. Ihre Gefährtinnen, die Gopis, haben sich auch in Krishna verliebt. Die Hindu-Philosophie erklärt, dass Radha und ihre Gefährtinnen die Verkörperung der menschlichen Seelen seien, die Gott (Krishna) suchen.

Zu Beginn dieses Kapitels stehen zwei Gebete, die Gott in seinen vielfältigen Rollen anrufen: »Glieder deines Körpers sind wir«, heißt es im ersten. Gott besitzt verschiedene Funktionen und Namen. Darauf weist in dem zweiten, wunderbaren Gebet Narsi Mehta noch einmal hin. Es ist ein Gebet, das die vielen Namen Gottes verherrlicht: »Ich treibe Handel mit dem Namen Gottes«, singt sie. Jeder

Name Gottes spricht eine andere Eigenschaft oder Rolle oder »Aufgabe« Gottes an.

Danach habe ich vier Untergruppen gebildet: Gott als Mutter; als Kind; als Geliebter; als Vater und Herrscher. Das erleichtert es den Lesern, sich in die Gebete und Lieder hineinzuversetzen. Die Muttergottheiten sind Kali oder Durga. Krishna wird auch als junges, unartiges, aber liebliches Kind verehrt, wozu die Mythologie zahlreiche Episoden liefert. Gott als Liebhaber und Geliebter wird meist mit Krishna gleichgesetzt. Gott in der Rolle des Vaters, des Herrn und Herrschers mag unterschiedliche Namen haben, wie Indra (in den Veden) oder Siva.

Glieder deines Körpers sind wir

Glieder deines Körpers sind wir,
wir kennen dich ganz.
Andere sagen, du seist ein Rätsel,
schwer zu lösen.

Diebe, die das Haus kennen,
wissen, wo man lauern muss,
wo die Schätze liegen.

Tuka sagt: Ich habe mir einen Weg
zu dir gebrochen, und ich komme,
um mit dir zu sprechen.
Tukaram

Gottes Namen

Ihr Heiligen! Ich treibe Handel mit dem Namen Gottes.
Menschen kommen von überall zu mir.
Meine Ware findet reißenden Absatz,
aus allen Volksschichten, allen Kasten
strömen Menschen herbei.
Selbst in Notzeiten fehlt es mir nie an Ware,
weder Defizite noch Verluste drohen mir.
Diebe fürchte ich nicht; was können sie mir stehlen!
Und der König darf keine Steuern erheben.

Mein Kapital ist gar nicht zählbar,
und mein Warenumschlag geht in die Millionen.
Willst du auch Handel treiben? Versuch es doch!
Mein Reichtum ist der Name Gottes,
ich kann es, wenn ihr wollt, auf dem Marktplatz
zum Schlag der Trommel wiederholen.
Das Wort, das ungeboren im Weltall schwingt,
hör ich immerzu in meinem Herzen.
Narsis einzige Arbeit ist,
über Gottes Namen Buch zu führen.
So verbringt er seine Tage.

Narsi Mehta

Gott als Mutter

Ich habe Kalis Namen in mein Herz gepflanzt

»Durga« und »Tara« sind andere Name für die Muttergottheit Kali. Das Fest der zehnarmigen Göttin Durga wird im Oktober vor allem in Bengalen gefeiert. »Sikha« ist eine Haarsträhne am Kopfwirbel, die männliche Bhaktas wächsen lassen, während sie die übrigen Kopfhaare abrasieren.

Ich habe mein Leben vertrauensvoll zu ihren Füßen
niedergelegt.
Fürchte ich noch immer den Tod?

Ich habe Kalis Namen, der alle Wünsche erfüllt,
in mein Herz gepflanzt.
Meinen Körper habe ich auf dem Markt der Welt
verkauft
und den Namen Durga dafür erworben.
Ich verlasse das Haus meiner guten Gedanken nicht
mehr.
Wenn jetzt der Tod kommt,
werde ich ihm mein Herz öffnen:
Dazu bin ich fest entschlossen.
Der Name Tara umfasst das Wesen der ganzen
Wirklichkeit,
und ich habe ihn an meine Sikha gebunden.
Ramprasad sagt: Ich bin bereit,
die Reise in die andere. Welt anzutreten
mit dem Wort »Durga« auf den Lippen.

Ramprasad Sen

Erfülle die Sehnsucht meines Herzens

Kali hat zwei unterschiedliche Seiten: Sie ist die wilde, nackte Kali, die tanzend (das Böse) zerstört; Dann ist sie auch die gütige Mutter, die Gnade gewährt und verzeiht. Die »drei Welten« sind die Bereiche des Universums: Erde, Himmel und Unterwelt.

O nackte Kali mit aufgelöstem Haar!
Erfülle die Sehnsucht meines Herzens.
Wonach mein Herz verlangt, Mutter,

keine Spur der Erfüllung finde ich.
Sag mir geradeheraus, ob ich dein Wohlwollen verdiene.
Ich habe dir doch erzählt, Mutter, was ich von dir will.
O Mutter! niemand in den drei Welten
kennt dieses Verlangen außer mir.
Ramprasad Sen

Die göttliche Mutter wohnt in meinem Herzen

Kali trägt eine Girlande aus Menschenschädeln um den Hals, als Ausdruck ihres furchteinflößenden Charakters.

Die glückselige göttliche Mutter wohnt in meinem Herzen
und spielt endlos darin.
Ich vergesse ihren Namen niemals,
in keiner Lage meines Lebens.
Wenn ich meine Augen schließe,
erscheint sie in meinem Herzen mit einem Kranz von Schädeln.
Dann ist meine weltliche Weisheit verflogen;
alle nennen mich verrückt.
Sollen sie mich nennen, was sie wollen,
wenn ich nur zuletzt meine wilde Mutter besitze.
Ramprasad sagt: Mutter lebt in meinem Herzlotos.
Mutter, ich suche Zuflucht zu deinen Füßen;
verwirf mich nicht, wenn ich sterbe.
Ramprasad Sen

O Mutter, mein Herz bricht entzwei

O Mutter! meine Wünsche bleiben unerfüllt,
meine Hoffnungen zerschlagen sich,
und mein Leben neigt sich schon zum Ende.
Mutter, ich will dich ein letztes Mal anrufen.
Komm, nimm mich in deine Arme.
Niemand in dieser Welt liebt,
diese Welt weiß nicht, was Liebe ist.
Mein Herz sehnt sich, o Mutter,
nach den Regionen reiner Liebe.
Nach bitterem Ringen habe ich
meinen Begierden entsagt,
nach schrecklicher Qual habe ich
meine Sehnsüchte von mir geworfen.
Ich habe bittere Tränen geweint
und habe nun keine Tränen mehr!
O Mutter, mein Herz bricht entzwei.
Ramprasad Sen

Ein Dienst für dich

Das Gebet spielt auf die vorgeschriebenen rituellen Handbewegungen und Handzeichen der Priesterin oder des Priesters beim Gottesdienst an: Das ganze Leben mit allen Worten und Taten soll ein Gottesdienst sein.

O Mutter, lass alles, was aus meinem Munde kommt,
ein Gebet an dich sein.
Lass alle Taten meiner Hände
die mystischen Gesten deines Gottesdienstes sein.
Alle meine Bewegungen sollen ehrfürchtig um dich
herumführen.
Essen und Trinken seien Trank- und Speiseopfer für dich.
Wenn ich mich zur Ruhe lege,
lass es eine Hinwerfung vor deine Füße sein.
Was mich erfreut, soll mich aus Hingabe an dich
erfreuen.
Gleich was ich tue, es soll ein Dienst für dich sein.

Sankara

Wir rätseln, warum

Die Muttergöttin wird in diesem Gebet angerufen als »Gefährtin von Hari«, also von Gott Vishnu bzw. seines Avatars Krishna.

Mutter, ich fordere von dir nicht Erlösung,
die doch so schwer zu erlangen ist,

nicht den Himmel oder andere Arten des Glücks.
Geliebte Gefährtin von Hari!
Ich erflehe von dir nur Hingabe an dich,
und wenn du mir selbst das nicht gewähren willst,
was soll ich dann tun?

Mutter, werde nicht zornig.
Doch lass mich dies eine mutig aussprechen:
Hätte ich nur einen geringen Teil der Macht,
die du über Werden und Vergehen und
alle Veränderungen besitzt, gewiss,
ich hätte alle Lebewesen in einem Augenblick
in die Unsterblichkeit geführt.
Wir rätseln, warum du, Barmherzige,
so gleichgültig zu uns bist.
Venkatadhvarin

Trunken von Liebe

Der neben Jesus, Buddha und Mose genannte Gauranga (Caitanya) ist ein ekstatischer Heiliger (1485–1533) aus Bengalen; seine Verehrer halten ihn für eine Verkörperung Krishnas.

O Mutter, mach mich verrückt vor Liebe zu dir!
Was sind mir Gelehrsamkeit und Verstand!
Mach mich trunken vom Wein deiner Liebe.
O du stiehlst das Herz deiner Bhaktas,

ertränke mich in den Meerestiefen deiner Liebe!
In dieser Welt sind wir alle Narren deiner Liebe;
einige lachen, andere weinen oder tanzen vor Freude:
Jesus, Buddha, Mose, Gauranga
sind alle trunken vom Wein deiner Liebe.
O Mutter, wann nimmst du mich auf
in diese glückselige Gemeinschaft?
Ramakrishna

Gib mir ein reines Herz!

Mama!
Nimm, behalte deine Weisheit und Klugheit,
doch gib mir ein reines Herz!
Nimm, behalte dein Gutes und Schlechtes,
doch gib mir ein reines Herz!
Nimm, behalte deine Reinheit und Unreinheit,
doch gib mir ein reines Herz!
Nimm, behalte deine Tugend, deine Sünde,
doch gib mir ein reines Herz!
Ramakrishna

Tanze, liebliches Kind

Sing, mein kleiner Krishna, sing süße Melodien,
tanze, liebliches Kind, vor deinem Vater Nanda!
Klatsche in deine Hände und unsere Herzen
werden vor Liebe überquellen.
Fürchtest du dich vor den Schreien der Spielgefährten?
Komm, wirf deine Arme um meinen Hals!
O mein Liebling, sei nicht scheu, fürchte dich nicht,
heb deine Arme hoch, wie gestern,
    und rufe dein liebstes Kälbchen.
O lass mich noch einmal deinem Tanze zuschauen,
die Edelsteine an deinen Fußkettchen funkeln so schön.
Sieh, in der goldenen Säule ist dein Spiegelbild;
füttere es mit Butter, o göttliches Kind!
O überaus barmherziger Gott,
verlasse keinen Augenblick lang das Herz von Surdas.
    Surdas

Liebliches Kind

»Mathura«, südlich von Neu-Delhi, gilt als Wohnort des jungen Krishna.

Wie lieblich seine Lippen, wie lieblich sein Gesicht,
wie lieblich seine Augen, wie lieblich sein Lächeln,
wie lieblich sein Herz, wie lieblich sein Schritt;
wie lieblich alles an Krishna,
dem Herrn von Mathura.

Wie lieblich seine Worte,
wie lieblich seine Streiche,
wie lieblich sein Kleidchen,
wie lieblich sein Trällern,
wie lieblich jede Bewegung,
wie lieblich er umherschweift;
wie lieblich alles an Krishna,
dem Herrn von Mathura.

Wie lieblich, wenn er singt,
wie lieblich, wenn er trinkt,
wie lieblich, wenn er isst,
wie lieblich, wenn er schläft,
wie lieblich seine Gestalt,
wie lieblich das Zeichen auf seiner Stirn;
wie lieblich alles an Krishna,
dem Herrn von Mathura.

Vallabha

Ich höre die Melodie seiner Flöte

Ich höre die Melodie seiner Flöte
und kann mich nicht bezwingen:
Die Blume erblüht, doch der Frühling ist weit;
und schon hat die Biene ihre Einladung empfangen.
Der Himmel donnert, und die Blitze zucken;
die Wellen schlagen hoch in meinem Herzen,
der Regen fällt; und mein Herz sehnt sich nach meinem
 Herrn.
Wo der Rhythmus der Welt sich hebt und senkt,
dorthin ist mein Herz gewandert:
Dort flattern die geheimen Banner in der Luft.
Kabir sagt: Mein Herz stirbt, obwohl es lebt.
Kabir

Ich werde dir dienen

»Girdhar« und »Mohan« (»der Betörende«) sind Namen für Krishna. »Govinda« ist sein Name, »Vrindavan« sein Wohnort als junger Kuhhirte, und »Yamuna« der Fluss, an dem er seine Geliebte Radha trifft.

Halte mich als deine Dienerin, o Girdhar,
halte mich als deine Sklavin.
Ich werde dir dienen und Blumen pflanzen;

jeden Morgen, wenn ich aufstehe,
werde ich dich sehen.
In den schattigen Alleen von Vrindavan
werde ich von Govindas Taten singen.
Als Dienerin werde ich ihn schauen,
die Erinnerung daran sei mein Lohn.
Und mein Stand, Verehrung und Liebe,
alle drei sind mir teuer.
Geschmückt mit der Pfauenfederkrone,
dem gelben Schal, der Siegesgirlande,
weidet Mohan, der mit der Flöte,
die Kühe von Vrindavan.
Ich will hohe Paläste bauen
mit vergitterten Fenstern an allen Seiten.
Ich werde den Dunklen sehen
in seinem gelben Gewand.
Mira sagt: Herr Girdhar Nagar,
das Herz ist so ungeduldig.
Zeige dich mir zu Mitternacht
an den Ufern der Yamuna.

Mirabai

Die Liebe erneuert sich von Augenblick zu Augenblick

Mein Freund, was antworten, wenn ich erklären soll,
was mir widerfahren ist.
Die Liebe verwandelt, erneuert sich
von Augenblick zu Augenblick.
Er hat in meinen Augen gewohnt
alle Tage meines Lebens,
und doch bin ich des Schauens nicht satt.
Meine Ohren haben seine liebliche Stimme
alle Ewigkeit gehört,
und doch ist sie immer neu für meine Ohren.
Wie viele Nächte, süß wie Honig, habe ich mit ihm,
in Liebesseligkeit verbracht, und doch, mein Körper
erstaunt noch über seinen.
Durch alle Jahrhunderte
hat er sich an meine Brust gedrückt,
und doch lässt mein Verlangen
nimmer nach.
Ich habe feinfühlige Menschen getroffen,
ganz in Leidenschaft gefallen,
doch niemand hat sich so nah ans Herz der Flamme
gewagt.
Wer wird kommen, mein Herz zu kühlen,
sagt Vidyapati.

Vidyapati

Seine Schönheit hat mein Herz durchbohrt

Der Dichter versetzt sich in das Milchmädchen Radha, das eines der anderen Milchmädchen (Gopis) als Gefährtin (»Sakhi«) anspricht. »Syama« ist Krishna, der »Dunkle«; ein Hinweis auf seine dunkelblaue Hautfarbe. Sie ist Symbolfarbe der Ewigkeit.

O Sakhi! die dunklen Wasser erinnern mich an Syama.
Meine Gedanken sind besessen;
träumend und wachend
sehe ich nur Syama.
Während ich meine Haare strähle,
bringt mir ihre schwarze Farbe Syama wieder vor Augen.
Ich zögere sogar, mir die Augenschatten aufzutragen.
O Sakhi! wie wird die Zeit ohne Syamas Gesellschaft
vergehen?
Ach! den Schmerz in meinem Herzen muss ich
unterdrücken und geheim halten.
Die Schönheit von Syamas Gestalt hat mein Herz
durchbohrt,
als sei ein Pfeil hineingeflogen,
der innen wühlt und quält und den niemand heraus-
ziehen kann.
So sagt Candidas.
Candidas

Der Puppenmeister

»Syama« und »Kala« sind Namen für Krishna, den »Dunklen«. Er steuert alle Menschen wie ein Puppenspieler seine Puppen.

Wie kann ich seine unbarmherzig betörende Flöte
beschreiben,
die tugendhafte Frauen aus ihren Häusern lockt
und sie bei den Haaren zu Syama schleift,
wie Durst und Hunger das Reh in die Schlinge treibt?
Züchtige Damen vergessen ihre Herren,
weise Männer vergessen ihre Weisheit,
und Kletterpflanzen lösen sich von ihren Bäumen,
wenn sie diese Musik hören.
Wie kann man erwarten,
dass ein einfaches Milchmädchen diesem Ruf
widersteht?
Candidas sagt:
Kala, der Puppenmeister, führt den Tanz an.
Candidas

Du hast mir alles genommen

Hör auf, spiel nicht immerzu meinen Namen
und rufe nicht Radha! und Radha!
während du die Lippen von Syama küsst.

Du bist im Munde eines Bösewichts,
doch willst du mich zu ihm locken,
und ich mache mir einen schlechten Namen.
Ein Bösewicht kann sich niemals verleugnen,
warum gehorchst du ihm?
Deine süßen Klänge machen mich fassungslos,
und ich bade in einer Flut von Tränen.
Als deine Stimme ertönte, habe ich Kaste
und Familienehre von mir geworfen,
und jetzt ist mein Leben einsam und verlassen.
Ich versichere dir, du hast genug gespielt,
denn du hast mir schon alles genommen.
Uddhava singt: Wer den Ton der Flöte vernimmt,
lässt Furcht und Ehre zurück.
Uddhava

Ein Lied der goldfarbenen Radha an Krishna

Die Erde meines Körpers verwische sich mit der Erde,
auf der mein Geliebter wandelt.
Das Feuer meines Körpers sei der Glanz
in dem Spiegel, der sein Antlitz widerstrahlt.
Das Wasser meines Körpers vereinige sich mit dem
Wasser
des Lotosteiches, in dem er badet.
Der Atem meines Körpers streichele
seine müden Glieder wie ein kühlender Hauch.

Ich will der Himmelsraum sein,
und du durchziehst mich, wolkendunkler Syama,
Geliebter.
Govindadasa sagt: O Goldfarbene,
könnte der smaragdgrüne Herr dir entsagen?
Govindadasa

In der Falle der Liebe

»Gopis«, die Milchmädchen, sind die Gefährtinnen Krishnas in Vrindavan.

Niemand, der in die Falle der Liebe gestürzt ist,
ist des Lebens wieder froh geworden.
Die Motte verliebte sich in die Flamme:
Tod war ihr Lohn.
Der Käfer kroch tief in die Lotosblüte,
er blieb am Nektar hängen.
Das Reh vernarrte sich in die liebliche Melodie
des Jägers.
Es stürzte in die Falle und verendete.

Und wir Gopis, die wir Krishnas Liebe genossen haben,
sind nun verlassen und hilflos.
Und das ist auch mein Los, sagt Surdas.
Ich habe mich ihm hingegeben,
und Tränen, nur Tränen ernte ich.
Surdas

Nichts als Liebe

Radha singt:
Ich werde im Land der Liebe wohnen
und ein Haus der Liebe bauen.
Liebe wird mein Nachbar sein, Liebe mein Begleiter.
Das Dach wird aus Liebe gezimmert
und die Türen meiner Hütte auch.
In der Hoffnung der Liebe werde ich leben
und in Liebe meine Stunden verbringen.
Auf dem Bett der Liebe will ich liegen,
umhüllt von den Decken der Liebe,
und inmitten von Bildern der Liebe leben.
Ich schüttele die Müdigkeit ab und werde
wachen Herzens den Ruf der Liebe erwarten.
Ich werde in die Wasser der Liebe eintauchen,
werde die Augenschatten mit dem Stift der Liebe malen.
Liebe ist meine Tat, sie ist mein Glaube.
Ich bin ein Opfer der Liebe.
Ich werde meine Nase mit Ringen der Liebe schmücken
und sie mit meinen Augen betrachten.
Liebe ist mein Augenschatten auf ewig, sagt Candidas.

Candidas

Ich ehre die Gottheit

Ich ehre die Gottheit als meinen Vater,
meinen Verwandten, meinen Bruder,
ehre ihn als meinen Freund für immer.
Das Antlitz der großen Gottheit
verehre ich im heiligen Licht der Sonne.
Rig-Veda X,7,3

Gast in jedem Haus

Ihm, eurem Gast in jedem Hause,
der viel geliebten Gottheit, eurem trauten Freund,
wollen wir lobpreisen und Kraft gewinnen
durch Worte und machtvolle Hymnen.
Rig-Veda VIII,74,2

Den Namen des Herrn singen

»Samsara« ist die den Sinnen zugängliche Welt, »Govinda« der Name Krishnas als Kuhhirte.

Des Herren Namen darf nur singen,
wer demütiger ist als selbst ein Grashalm,

geduldiger als ein Baum und
wer ohne Eitelkeit anderen Ehre erweist.

O Herr der Welt, ich sehne mich nicht nach Reichtum,
noch nach Geselligkeit oder schönen Frauen,
nicht einmal nach Gedichten.
Gib mir nur in jedem neuen Leben, mein Herr,
selbstlose Liebe zu dir.

O Krishna! In deiner Gnade betrachte mich
als ein Stäubchen auf deinen Lotosfüßen,
mich, deinen Diener, der in dem Meer von Samsara
zu versinken droht.

Wenn ich deinen Namen singe,
strömen Freudentränen aus meinen Augen,
ich ersticke geradezu an meinen Worten
und mein Körper erzittert vor Entzücken.

Getrennt von meinem Herrn Govinda,
wird ein Augenblick zu einem Zeitalter,
meine Augen laufen über vor Tränen wie eine Wolke
und die ganze Welt wird leer.

Ob er mich, seinen Diener, umarmt
oder, sich abwendend, unter seinen Füßen zertritt,
mag der geliebte Bösewicht tun, was er will.
Ich habe mich ihm hingegeben für immer und ewig.
Caitanya

Den Namen des Herrn auf den Lippen

Der Name meines Herrn Rama ist tagein tagaus
auf meinen Lippen.
Halt dich fest an seinem Namen, auch du,
und er wird deine Sünden tilgen.
O ja, sogar die Sünden früherer Leben
tilgt der heilige Name,
wenn du ihn immer und immer wiederholst.
O ja, sein Name ist wie Nektar,
der in einen goldenen Becher fließt:
Wer könnte widerstehen, ihn zu leeren?
O Gott, Ewiger! Leib und Geist ertrinken
in der schwellenden See deines Namens, sagt Mira.

Mirabai

Du bist unser, wir sind dein

Gottes Gnade erfahren

Die Gewissheit, für Gottes Gnade bereit zu sein und sie empfangen zu können, ist ein wesentlicher Schritt der Gottsucher hin zur Vereinigung mit Gott. Voraussetzung ist eben, »den Begierden gestorben« zu sein und Gottes »inne« zu werden. Jene, die ruhig geworden sind, deren Sehnsucht gestillt ist, die spüren die Bewegungen der Gnade im Innern. Sie fühlen sich »auserwählt« für die Offenbarungen von Gottes Geist.

Dein sind wir

Von dir, o Gott, unterstützt,
mögen wir denen, die uns trotzen,
in rechter Weise entgegentreten.
Du bist unser, und wir sind dein.

Wahrhaft, Gott, dein sind wir,
deine Verehrer vertrauen dir ganz.
Außer dir, Vielgepriesener, ist niemand,
o Mächtiger, der uns Gnade erweist.
Rig-Veda VIII,92,32; 66,13

Möge Gott uns zugeneigt sein

Wie das Vieh dem Dorfe,
die Krieger ihren Pferden,
die Milchkuh ihrem Kalb,
wie der Gatte seiner Frau –
so möge die Gottheit, du Säule des Himmels,
Gott aller Glückseligkeit, uns zugeneigt sein.
Rig-Veda X,149,4

Nur durch Gnade

Feiner als das Feinste, größer als das Größte,
so ist der Atman in dem Herzensgrund
aller Wesen verborgen:
Der Mensch, der seinen Begierden gestorben ist,
dessen Sorgen vergangen sind, der wird seiner inne,
der Herrlichkeit des Atman, durch seine Gnade.

Den Atman erfährt niemand durch Unterricht allein,
noch durch Verstandeskraft oder Gelehrsamkeit.
Nur wen er auserwählt, der erfährt ihn,
dem offenbart er seine wahre Natur.

Katha-Upanishad II,20; 23

Liebe, nichts als Liebe

Mein Gott!
Du bist wie der Himalaya so groß,
und doch kann dich die Hand eines Liebenden berühren.
Du bist der große König,
und doch weilst du in einer armen Hütte der Liebe.
Du bist Alles in Allem,
und doch bist du gefangen im Netz der Liebe.
Du bist himmlischer Nektar,
und doch fließt du in die Hand, die die Liebe aufhält.
Du umfängst die Weltenmeere,
und doch lässt du dich im Kelch der Liebe fangen.

Alles durchströmt und durchflutet
die Kraft deines Wissens,
und doch wohnst du im Leben der Liebe.
Du bist das hehre, überstrahlende Licht des Alls,
und doch lebst du in jedem Atom der Liebe.
Du bist der Gott, der alles Leben übersteigt,
und doch bist du Liebe, nichts als Liebe.

Ramalinga Swamigal

Du tanzt im
Herzen aller Menschen

Gebete der Gottvereinten

Jene, die Gott »schauen«, die mit Gott »vereint« sind, haben das Ziel ihrer Gebete erreicht. Ihre Suche ist vorbei. Sie ruhen fest in der Sicherheit, dass Gott sie erlöst. Viele Hindus glauben an eine Erlösung der Menschen schon während ihres irdischen Lebens. Die Gebete der Gottvereinten sind erfüllt von Gewissheit, von Jubel und Dankbarkeit. Sündenbewusstsein ist vergangen, stattdessen heißt es: »Der Anblick meines Herrn verscheucht alle meine Makel.« Die vereinten Menschen fühlen sich »in Gott verloren«, aber sie spüren die Stärke, die ihnen Gott verleiht: »… ich wandle in der Überstärke Gottes.« Die Vereinigung bestätigt sie als Menschen. Jene, die Krishna suchten, können nun singen: »… nun hat mein Körper Bedeutung in der Gegenwart meines Geliebten.« Und: »Heute ist mein Haus wieder / Heimat, mein Körper ist heute / mein Körper.« Die Vereinten haben nicht nur Gott gefunden, sondern auch sich selbst in ihrem tiefsten Menschsein. »Niemandem sind wir untertan!«

Jenseits des Todes

Der Seher des Atman erfährt den Tod nicht,
weder Krankheit noch Leid:
Sein Blick ist aufs Ganze gerichtet
und wird seiner überall gewahr.
Chandogya Upanishad VII,26,2

Beständige Gegenwart

Der erhabene Herr spricht:
Wer sich bezwungen hat und ruhig ist,
der erfährt den höchsten Atman beständig;
in Kälte und Hitze, bei Freud und Leid,
in Ehren und Schande erfährt er ihn.

Ruhend im Glück der Gotteserfahrung,
aus heiligen Büchern und vom Leben erworben;
mit gezähmten Sinnen,
gleich erachtend Erde, Stein und Gold:
Wer so lebt, ist fest gegründet in Yoga.
Bhagavad-Gita VI,7–8

Heute ist mein Geliebter zu Gast

Ich könnte diesen Tag liebkosen!
Er ist mir teurer als alle andren Tage,
denn heute ist mein Geliebter zu Gast in meinem Hause.

Meine Kammer erstrahlt von seiner Gegenwart;
mein Hof ist gesegnet.
Ich verliere mich im Anblick seiner erhabenen
 Schönheit;
meine Sehnsucht singt seinen Namen und ist gestillt.
Ich wasche seine Füße mit meinen Freudentränen;
groß werden meine Augen, wenn ich ihn sehe.
Ich biete Körper und Seele und alles, was mein ist,
dir, meinem Gott, an.
Mein Geliebter hat diesem Hause Ehre erwiesen.
Welch ein Freudentag!

Der Anblick meines Herrn verscheucht alle meine
 Makel,
und mein Herz jubelt im Überschwang der Freude.
Ja, heute ist mein Geliebter zu Gast in meinem Hause.
Dieser Tag ist mir teurer als alle andren.
 Kabir

Gott ist die Liebe

Toren behaupten, Liebe und Gott seien zweierlei.
Wer weiß schon, dass Gott die Liebe selbst ist!
Wer es aber weiß, ruht in der Liebe,
mit Gott vereint.
Tirumular

Jahrhundertelang habe ich gewartet

»Hari« ist ein Name für Gott Vishnu bzw. seinen Avatar Krishna.

Mein Geliebter ist zu mir eingekehrt.
Jahrhundertelang hab ich am Weg gewartet;
ich, die Verstoßene, habe ihn erreicht.
Die Opferschale ist für den Gottesdienst geschmückt,
ich schenke ihm kostbare Edelsteine.
Nach vielen Bittgesuchen
hat mein Lieber mir diese Botschaft gebracht.
Mein dunkler Liebhaber ist gekommen,
Glückseligkeit schmückt meine Glieder.
Hari ist ein Ozean der Liebe,
meine Augen sind an ihn in Liebe gefesselt;
Mira ist ein Ozean des Glücks,
sie wird ihn willkommen heißen.
Mirabai

In der Wohnung meines Herzens

Ich habe Gott in der Wohnung meines Herzens
getroffen.
Wenn ein Fluss sich im Ganges verliert,
wird er ein Teil des Ganges selbst.
Ebenso hat sich Kabir in Gott verloren.
Ich bin dem einen Wahren gleich geworden
und muss nicht länger suchen.

Was nützen dem Verehrung und Buße,
Fasten und Riten,
der in seinem Herzen irdische Liebe nährt?
O Mensch, wende dein Herz Gott zu!
Durch List und Schliche wirst du ihn nie finden.
Lass ab von Habgier
und vergiss das schlechte Beispiel anderer.
Lege ab Lust, Zorn und Stolz.
Kabir sagt: Liebende Hingabe hat mir
Vereinigung mit dem Herrn errungen,
durch Herzenseinfachheit bin ich Gott begegnet.
Kabir

In deinem Glanz

Lieber, in deinem Glanz werde ich glänzend,
anmutig und sanft bin ich durch deine Schönheit.

Ich erinnere mich,
wie ich deine Füße umklammerte
und sie an meine Brust presste.

Andere haben viele Liebhaber, ich habe
dich allein, du bist mir
lieber als mein Leben.
du bist der Lidschatten meiner Augen, der Schmuck
an meinem Körper,
du, dunkler Mond.

Jnanadasa sagt: Deine Liebe
bindet Herz an Herz.

Jnanadasa

In der Gegenwart meines Geliebten

»Kama« ist der mit Liebespfeilen bewaffnete Liebesgott.

Der Mond hat sein Licht auf mich gegossen,
das Antlitz meines Geliebten.
O Nacht der Freude!

Freude durchpulst alle Dinge.
Mein Leben: Freude,
meine Jugend: Erfüllung.

Heute ist mein Haus wieder Heimat,
mein Körper ist heute mein Körper.
Der Gott des Schicksals lächelt mich an.
Keine Zweifel mehr.

Die Nachtigallen sollen schlagen
und unzählige Monde aufsteigen,
Kamas fünf Pfeile können ruhig fünftausend werden.

Der Südwind mag linde, linde wehen:
Denn nun hat mein Körper Bedeutung
in der Gegenwart meines Geliebten.
Vidyapati sagt: Dein Glück ist groß.
Die Rückkehr zur Liebe sei gesegnet.
Vidyapati

Beständige Gottversunkenheit

Ich, Lalla, bin weit und breit gewandert,
Siva suchend, den allgegenwärtigen Herrn.
Nach langer Wanderschaft habe ich, Lalla,
ihn endlich in mir selbst, in seiner eigentlichen Heimat,
gefunden.

Tempel und Statue, was Menschenhand gemacht,
sind nicht besser als Stein.
Der Herr ist doch unermesslich, er ist reiner Geist.

Wer ihn erfahren will, muss Atem und Geist sammeln
in eins.

Sollen sie mich nur tadeln, loben oder mit Blumen
verehren,
in mir selbst ruhend, trunken vom Nektar
der Erfahrung meines reinen Herrn,
werde ich weder ausgelassen noch trübsinnig.

Mit Hilfe der Gärtner »Geist« und »Liebe«
pflücke ich die Blume »Beständige Gottversunkenheit«
und begieße sie mit den Fluten der Glückseligkeit,
welche meinem eigenen Selbst entspringen:
So verehre ich den Herrn mit heiligen Worten
des Schweigens.

Lalla

Niemandem untertan

Niemandem sind wir untertan!
Den Tod fürchten wir nicht!
Die Hölle werden wir nicht erleiden!
Wir sind keine Schwächlinge!
Wir jubilieren!
Kein Leid ficht uns an!
Vor niemandem beugen wir uns!

Niemals trübsinnig, ist ewige Glückseligkeit unser
Erbteil!
Dem Höchsten, über den niemand gebietet,
ihm allein sind wir untertan.
Wer könnte uns von diesem Glauben abbringen.
Wir haben uns seinen Füßen unterworfen.
Appar

Komm, o komm, mein Herr

Als ich die hell strahlende Wohnung meines Herrn
erblickte,
beugte ich mich tief in Staunen und Ehrfurcht
und sang Gottes Lob.

Körper und Geist erzitterten in heiliger Freude
und meine Haare standen zu Berge.

Mein ganzer Geist ergoss sich in Jubel.
Die göttliche Gegenwart verlässt mich nimmer.
Ich tanze verzückt.
Ich singe.
Ich bin eingeformt in die Form der Liebe.
Wie sehne ich mich nach meines Herrn Gnade.

Komm, o komm, mein Herr!
Ich zweifelte.

Du hast mich von Zweifeln erlöst.
Die Welt kann es bestätigen.
Du tanzt im Herzen aller Menschen,
die Wahrheit und Weisheit lieben.
Komm, o komm, mein Herr!
Ramalinga Swamigal

Am Ufer des Lichts

Ich habe das Meer der Dunkelheit und Sünde überquert!
Ich bin ans Ufer des Lichts und der Wahrheit gestiegen.
Ich habe gesehen, was es zu sehen gibt.
Die Tore göttlicher Wirklichkeit sind aufgesprungen.
Ich habe Amrita, den göttlichen Nektar, gekostet.
Der Strahl der Gnade Gottes hat mich getroffen,
und Zweifel und Unwissen sind zerstoben wie Nebel.
Ich habe die Gestalt der ewigen Weisheit erkannt.
Ich habe mir Unsterblichkeit errungen.
Mein Körper, mein Geist, meine Seele jubeln vor Glück.
Vollkommenheit und Wahrheit füllen mich ganz aus.
Unwissen, Schwäche und Sünde sind überwunden,
und ich wandle in der Überstärke Gottes.
Ramalinga Swamigal

Wie Honig

Schau nur, wie die Biene summt und brummt
und den erblühten Lotos umschwärmt!
Und nun krabbelt sie in den Blütenkelch
und saugt und saugt – stille – süßen Honig.

Ebenso, Bruder, streiten und reden die Menschen,
bis sie die Freude des Herrn, die Süße des Glaubens
schmecken.
Haben sie den Nektar im Lotos ihrer Herzen gefunden,
sogleich setzen sie sich nieder und trinken
und vergessen zu schwatzen, zu plappern.
Ramakrishna

Vollendet ist, wozu ich ins Leben kam

Zusammenfalten des Zeltes und Aufgeben des Körpers sind Ausdrücke für das Sterben. »Satguru« bedeutet: »wahrer Guru«.

Ich habe vollkommene Glückseligkeit erreicht,
meine Leiden sind vorbei.
Sag was du willst, mir ist's einerlei.
Vollendet ist, wozu ich ins Leben kam.
Nun will ich mein Zelt zusammenfalten,
denn nichts gibt es mehr zu tun.
Auch mein Satguru hat seinen Körper aufgegeben,
als er sein Ziel erreicht hatte.

Wer befreit ist, warum sollte der diesen Körper
noch länger ertragen?
Warum möchtest du also diese Lehre andern vortragen
und immer mehr Zuhörer sammeln?
Deine Aufgabe ist erfüllt.

Swami Nirbhyanandaji Saraswati

Die ganze Welt ruht in seinem Spiel

Sarasvati, Yamuna, Ganga (Ganges) sind drei Flüsse in Nordindien, der Sarasvati-Fluss besteht nur in der Mythologie.

Kabir erwägt und sagt: Jener,
der weder Kaste noch Heimat besitzt,
der ohne Form und Eigenschaft ist,
erfüllt das All.
Der Schöpfer erschuf das Spiel der Freude:
und vom Worte »Om« entsprang die Schöpfung.
Die Erde ist Seine Freude; Seine Freude ist der Himmel;
Seine Freude ist das Leuchten der Sonne und des Mondes;
Seine Freude ist der Anfang, die Mitte und das Ende.
Seine Freude sind Augen, Dunkel und Licht.
Meere und Wellen sind seine Freude: Seine Freude
die Sarasvati, die Yamuna und die Ganga.
Der Guru ist eins: und Leben und Tod,
Vereinigung und Trennung sind alle seine Spiele der Freude!

Sein Spiel das Land und Wasser, das ganze Universum!
Sein Spiel die Erde und der Himmel!
Spielend wurde die Schöpfung entfaltet,
spielend erbaut.
Die ganze Welt, sagt Kabir, ruht in seinem Spiel,
und doch, der Spieler bleibt unerkannt.
Kabir

Die Flöte der Unendlichkeit

»Vina« ist ein Saiteninstrument, vergleichbar der Laute.

Die Flöte der Unendlichkeit
spielt fort und fort,
und ihr Ton heißt Liebe.

Wenn Liebe alle Grenzen überspringt,
erreicht sie die Wahrheit.
Wie weit sich der Duft verbreitet!
Er verströmt ununterbrochen,
nichts hindert ihn.

Die Gestalt dieser Melodie ist
hell wie eine Million Sonnen;
unvergleichlich tönt die Vina,
die Vina der Musik der Wahrheit.
Kabir

Die schönsten Gebete der Weltreligionen

Mögen alle Wesen glücklich sein

Meditationstexte des Buddhismus

Mit zahlreichen Originalübersetzungen herausgegeben und eingeleitet von Burkhard Scherer

HERDER spektrum Taschenbuch 6404

ISBN 978-3-451-06404-3

Dr. Burkhard Scherer, Universitätsprofessor (Reader) für Vergleichende Religionswissenschaften an der englischen Canterbury Christ Church University, ist langjähriger praktizierender Buddhist und lehrt in buddhistischen Zentren weltweit.

Licht über Licht

Die schönsten Gebete des Islam

Ins Deutsche übertragen und herausgegeben von Imam Halima Krausen

HERDER spektrum Taschenbuch 6402

ISBN 978-3-451-06402-9

Halima Krausen, islamische Theologin, Mitglied und Dozentin der Initiative für islamische Studien in Hamburg, ist Imam einer Hamburger Gemeinde und eine der Wortführerinnen des islamisch-christlichen Dialogs in Deutschland.

Fülle in Frieden komme vom Himmel

Die schönsten Gebete des Judentums

Herausgegeben von Rabbiner Walter Homolka

HERDER spektrum Taschenbuch 6401

ISBN 978-3-451-06401-2

Professor Dr. Walter Homolka, Landesrabbiner a. D., Rektor des Abraham Geiger Kollegs an der Universität Potsdam, ist Autor und Herausgeber zahlreicher Veröffentlichungen zum zeitgenössischen Judentum.

Wie im Himmel so auf Erden

Die schönsten Gebete des Christentums

Herausgegeben von Schwester Katharina Schridde

HERDER spektrum Taschenbuch 6405

ISBN 978-3-451-06405-0

Schwester Katharina Schridde, evangelische Benediktinerin, Mitglied der Communität Casteller Ring (CCR), einer evangelischen Ordensgemeinschaft innerhalb der bayerischen Evangelisch-Lutherischen Kirche, lebt in einer kleinen geistlichen Weggemeinschaft in Berlin und ist als geistliche Begleiterin und Referentin für Theologie und Spiritualität tätig.

HERDER